異常性格の世界

「変わり者」と言われる人たち

西丸四方

創元こころ文庫

ある急性精神分裂病患者の絵

ある急性の精神分裂病〔統合失調症〕で幻覚的興奮を起こした患者は、平生、絵など描いたことはなかったのに、急に毎日何枚も何枚も同じような絵を描き出した。奇妙で、反復が多くて、まとまりがなくて、何を描き出そうというのか、よくわからないが何かを意味しているようで妖《あや》しい雰囲気に満ちているものである。この患者は治療によって一ヵ月ぐらいで一応治ったが、そうすると絵は全く描けなくなってしまった。ここに掲載した作品はすべて、そのときの患者の描いたものである。いかにもこの病気の特徴をよく示している。「精神分裂病が描かせた絵」とでも言うよりほかはない。

＊

私の患者のもう一人の画家は、分裂病になったために妙な独特の象徴画を制作し出して、名を売った。この患者の幻覚妄想的不安状態を薬で抑《おさ》えると絵が描けなくなってしまう。患者に対して、絵は描けなくても薬で安静を得たいか、苦しんでも絵が描けた方がよいか、いずれを取るかと尋ねると、苦しんでも描ける方がよいと言い、三十年も病気に苦しみながら絵を描いていた。

病苦を耐え忍ばせて絵を描かせるか、病を治療して絵を描けなくするか、これは問題の存するところだが、結局は当人次第なのだろう。

合作

はじめに

変わり者、心の変わった人間のさまざまな像を描き出して、普通の人に見られるような軽い変わった状態から、精神病者に見られるような、極端に変わったものに至るまでを、くらべながら観察しようとした。異常性格者、精神病者、異常性欲者などというものを、まとめて観察し、まとめて理解しようとしたのであるが、かたくるしい専門用語をほとんど用いないで、このような人間を描き出そうとしたこの方法が成功しているであろうか。異常者の描いた絵画も異常な心をうかがい知るのに非常に役立つので、そのいくつかをならべてみた。

著者

異常性格の世界——「変わり者」と言われる人たち　目次

異常性格の世界——「変わり者」と言われる人たち

本書は、一九五五年に『異常性格の世界』という題名で《創元医学新書》の第一巻目として創元社より刊行され、以後、版刷を重ねながら半世紀以上、多くの人びとに読み継がれた書籍を文庫化したものです。

今回の文庫化にあたり、文字遣いを現代風に改めた箇所がありますが、著者の表現を可能なかぎり残すために、今ではあまり使われない（「精神分裂病」などの）疾患名や表現の多くを、そのままにしました。それらは本書の書かれた時代背景の中での表現であり、現代の人たちが感じるような差別的なニュアンスを含むものではないことをご理解くださるようお願いいたします。

なお、文中〔　〕で示した箇所は、編集部で加えた注書きです。

変わり者とは何か

世の中には変わり者がたくさんいる。おそらくわれわれの周囲にいる人々の十人に一人はひどい変わり者であろう。家の人の迷惑をかえりみずに競輪に夢中になったり、代議士になって賄賂を取ったり、社会情勢によって、あるいは右に、あるいは左に行きながら、それぞれもっともらしい理屈をつけたりする人も、変わり者である。酒を飲んで乱暴をしたり、妾を何人も蓄えたりする人も、変わり者である。人を殺したり、強姦をしたりするのも、変わり者である。あるいはまた、社会から退いて人の世話になりながら一生売れもしない絵を描いているのも、失恋して自殺を企てるのも、家出をして非行の群に入るのも、変わり者である。あるいはまた、貧乏しながら二十年も三十年も困苦をしのんで大発明をするのも、何かの思想に殉ずるのも、変わり者である。また百万円ひろって猫ばばをきめる人も、十円ひろって警察に届ける人も、変わり者である。

変わり者とは普通の人間とはちがう人間である。それでは普通の人間とは何をいうのであろうか。それはわれわれの周囲に最も多く見られる、われわれもだいたいにおいてはそうであるような人間に入れられるような人間をいうのである。学校時代には、そうできるのでもなく、そう成績が悪いのでもない。それから家業を継いだり、会社や工場に勤めたりして、二十から三十までの間に家庭を持ち、若い頃は多少進歩的思想を持ったが三十過ぎると保守的になり、四十を過ぎれば金を貯めることを考えるが、そうけちけちするわけでもなく、遊ぶときには遊ぶので、思うほどには金もたまらず、若い頃読んだ西洋文学や思想の本は面倒で読めず、講談や捕物帳《とりものちょう》を読んだり、若い頃けなしていた論語とかお経に妙に感心する言葉を見つけたり、謡曲をうなったり書画骨董に凝ったりする。このような人が普通の人である。五十を過ぎてウェルテルに涙を流したり、ドストエフスキーを読んで徹夜をしたり、マルクス・レーニニズムの議論に熱中したりするのは、普通ではない。

人間の精神的なものについて普通であるとか変わっているとかいうのは、人間の身長に比較してみるとよくわかる。普通の人間〔日本人〕というのはだいたい一五〇センチから一七〇センチまでの間のものであり、一メートルとか二メートルの身長の者は普通ではない。身長の点では変わり者である。しかし一七一センチの者は変わり者で一六九センチの者は普通であるかというと、そういうものでもない。一五五センチの人から見ると普通より少し高すぎると言うかもしれない。あるいは一六九センチの人は一五三センチの人を普通より少し低すぎると言うであろう。このように普通の者と変わり者との境はあいまいであって、まずだいたいこのへんが普通であろうとか、このへんから変わっているといってもよいであろうとか、いうぐらいのことしか、いえないものである。それゆえ十万円の給料から四万円ずつ貯金している人を、十万円の給料から一万円ずつしか貯金していない人が、あの人はけち過ぎると言うかもしれないが、しかしこれも変わり者の中には入らず、飯は香の物と標準米、映画も見ずに八万円貯金する人が変わり者なのである。

変わり者というのは、駄目な、価値の少ない人間であるというのではない。普通より優れた人間も変わり者である。ある教えを説いて時の政府に容れられず牢にぶち込まれたり、はりつけになったりしてまで自分の説をまげない人も、社会の理解を得ず物もらいのような生活をしながら芸術上の傑作を遺《のこ》す人も、アブストラクトの絵を初めて描いた人も、非ユークリッド幾何学を創った人も、変わり者である。変わり者というと、理想的に考えられた人間にあてはまらない者をいうようにも思われるが、そうではない。すべからく日本人というものは君に忠に親に孝であるべきである、いったん緩急あれば義勇公に奉じなければならぬ、このようなのが本当にあたりまえの日本人であって、そうでない者は心がけが悪い、変わり者であるということになれば、大多数の日本人は変わり者となってしまう。またこのような理想的な型の人間は、世界中どこでも、普通人として通ずるものでもない。近頃はまたそう言わねば変わり者であり、戦後はそう言えば変わり者であり、近頃はまたそう言わねば変わり者になりそうである。この逆のことを言うのはひねくれ者という変わり者であり、いつでも一方を堅持して節操を変えないのも変わり者である。どの態度が最も理想的で優れたものかということは別問題である。

次に、このような変わり者はどうしてできあがるのであろうか。人間の身長にしても、生まれつき身長が高いとしかいえないものがある。他の人々とほとんど同様な生活をしているのに、ある人は非常に高くなる。これはそうなる素質を持っているのだとしかいえない。あるいはまた幼いときから栄養不良になるような食物しか与えられず、いつもきちんと座っていて、ろくに運動もしないでいると、このような生活環境になかった人にくらべて背が伸びないことが多い。あるいはまた両脚を事故のため切断したり、背骨の曲がる病気になったり、内分泌の病気があったりして、そのために身長が短くなることもある。気分についても、生まれつき朗らかな性分としか思えない人もあり、順境に育って辛い目にあったことがないために朗らかな人もあり、酒を飲んだり、脳の梅毒に

ｍ

冊ったりしたために朗らかになる人もある。このように変わり者には、素質によるものと、環境によるものと、病気によるものとがある。

この三つの区別を、われわれは、はっきりとつけることができるだろうか。これはなかなかむずかしいことである。人の気質がどれだけ環境によるものかを区別することは非常にむずかしい。われわれは普通ただ何となくそう思っている。あの親が神経質だから子に遺伝して子も神経質なのだと言われると、それももっともであろうと思う。これは素質である。あるいはまた、あんな神経質な親に育てられれば子どもでも神経質にならざるをえまいと言われれば、それももっともであると思う。これは環境である。神経質な親に神経質でない子ができることもあり、その逆もある。いったいどれが本当なのであろうか。どれも正しいのだろう。素質によるものも環境によるものもある。しかし素質によるものが必ずしも遺伝するものでもなく、環境の影響も絶対的なものでもあるまい。自分の性格を見、自分の昔から今日までの人生経路を見ても、どこまで環境を条件として作りあげられたかはわからない。子どもを育てるにしても、意志の強い、よく勉強する人間にしようというわけで、厳格に育てて無理に勉強を強いると実際思った通りになることもあるし、また逆にひねくれて逆らうようになることもある。自由なのんびりした性格に育てあげようと思って、あまり干渉せずに放っておくと、のびのびした人間になることもあり、あるいはあてがはずれて我儘《わがまま》になることもある。この場合には、もともとそんな素質があったからそうなったとか、そうならなかったのだとか、いうこともできるが、つきつめていくと、どこまでが素質でどこまでが環境かということは、わからなくなってしまう。とにかく実際には両方が働いていることは確かであるが、この点は素質、この点は環境、ということは本当に正しく決めることはできない。自分はこう思うとしかいえない。一卵性の双生児は素質は同じわけであるから、その性格と環境をしらべればある程度区別がわかりそうであるが、それでもなかなかよくはわからない。第一、朗らかとかひねくれとかいう性質が遺伝的な単位をなしているのかどうかさえわからないのであるから、このような性質が遺伝的素質かどうかということは決められないのかもしれない。

素質か環境か病気か、ということも簡単に区別されそうで、なかなかそうはいかないことがある。病気というのは、今まで健康で普通であったものが、不健康に変わってくることである。しかし、精神的なものが健康か不健康かということが決められようか。多くの精神的に不健康なものは社会的に有害であるが、社会的に有益な不健康もありうる。人がよすぎる、正直すぎる、熱中しすぎるというのは、不健康だが社会的には有益である。病的だがすばらしい芸術というのもある。不健全な思想は時代によって健全と秘せられる。また病気の産物であることが確かなものも価値が高いことがある。芸術家のすばらしい作品、学者の優れた思いつきが病気の産物であることがよくある。

　病気による変化は今までそうでなかった者に突然起こってくるものである。数学的にいえば、今まで連続的に進んできたものが不連続的に屈折するものである。そしてその原因が環境に求められない。環境に原因を持つ人間の連続的な性質の屈折というものはある。たとえば激しい失意の悲しみによって一生涯厭世的な、世を捨てた人間になる如きである。しかし環境にも病気にもよらずに、おそらく素質的なものによって、かなり急激な屈折を起こすこともある。青春期における精神の疾風怒濤の如きである。ところでまた病気が素質によって起こると考えられることもあるのである。そういう病気が一生の何時かに起こるように生まれついた人がある。そのような人はその病気ではないにしても、その病気の特徴をいくらか持っているような点が発病前に見えることもあり、またこのような点が全く見えないこともある。またこのような素質のある人は、環境の激しい作用によって、その病気を発現させられるように思えることもある。あるいはまた、そのような素質は本当に素質なのであろうか、環境によって幼いうちに作り上げられたのではなかろうか、と思えるようなこともある。

　ここでは変わり者のさまざまな人間像を描き出していこう。われわれ普通の人間もごくわずかの程度には変わり者である。そうでなければ誰もが精神的に同じになってしまう。変わり者として描き出される人間像はわれわれの持っているいろいろな性質の誇大化、極端化、漫画化である。われわれは変わり者を見ていると自分にもそれに似たものがある程度潜んでいるのがわかってびっくりする。変わり者というのは、われわれとちがったものを持っている人間というよりも、われわれも持っているが目立たないものを、あらわに示しているような人間なのである。病気のために変わり者になるのは病気が変わったものを作り出したというよりも、病気のためにかくれていた本性が露出したというべきものがある。

小心者

　自分が不完全なものと感じられ、自信がなく、つまらぬことに拘泥してなかなか安心ができない。こんなことをやったので、あの人の気を悪くしたのではなかろうか、その人は、表面は平気な顔をしているが、心の中ではきっと自分を悪く思っているだろう、だからといって、あやまるのも恥ずかしいし、本当に相手が気を悪くしているかどうかも明らかでない。他人は皆自分より優れているようだ。試験だって、自分は一生懸命勉強してもろくにできないのに他人は楽に勉強しているように見える。大勢の人の前で話をすると顔が赤くなり声がふるえてくるのに皆は平気で話ができてうらやましい。自分のちょっとした欠点やひけめは非常に強く感じられ、他人がそれを知っていて自分のうわさをし、バカにするように思う。あるいは自分で考えても実につまらないことが気になる。夜寝てから、もしかしたら鍵を掛けるのを忘れたのではないだろうかと思う。記憶ではたしかに掛けたのだが、もし記憶がまちがっていたら大変だ。もし掛けてなかったら泥棒が入るかもしれない。もう一度よく確かめてこなければ安心して眠れない。そして鍵を見に行くとたしかに掛けてある。やはりよかった。記憶にまちがいはない。また寝床に入る。しかし本当に掛けてあるかしらん。もしかしたら、掛けてなかったのではないだろうか。実際見てきたのだから大丈夫とは思うが、もし掛かっていなかったらどうしよう。これでまた不安で眠れなくなり、再三鍵を見に行く。ひどいものでは一晩に二十回も三十回も見に行く。このような不安な考えがついて離れないのは強迫観念といわれるが、これも一種の小心者である。

またある小心者は自分の体や能力の具合が気になる。頭が重い、腰がだるい、手がぴりぴりする、よく眠れない、本を読んでもすぐ忘れてしまう。こういうのは自分は病気なのだからではなかろうか。眉毛をいじったら毛が三本も抜けた、レプラ〔ハンセン病〕じゃなかろうか。胃が重い、胃癌だったらどうしよう、うちの祖母も胃癌で死んだのだから。夜よく眠れない、誰かが一週間眠れないと死んでしまうと言った、これは大変だ、睡眠薬を飲もうとして見ると習慣性ありと書いてある。睡眠薬中毒になったら大変だから薬も飲めない。今夜は何とかして眠ってやろう。夕飯が済んだらすぐ床に入ってみる。眠れない。一から百まで数えてみたり、時計の刻む音を数えてみたりして、まだ眠れないか、まだ眠れないか、と心配していると、よけい頭が冴えてくる。一時の打つ音まで聞いた。そしていつの間にか、うとうとすると、もう朝である。ほとんど一晩中起きていたような感じがし、夢ばかり見ていたようで、隣に寝ていた弟が、兄さんよく眠っていたよと言っても、そんなことはない、本当は目が醒めていたのだと言って怒る。医者の所へ行くと、そんなことは何でもないと言われたり、何か睡眠薬をくれたりする。あの医者はだめだ、やぶだ、あんな医者の薬が効くかしらん。薬を飲んで眠れても、これは薬で眠ったのだからだめだ、自分は一生睡眠薬を飲まなければならないのだと思うと悲観してしまう。眠ることの心配ばかりで仕事も手につかず、あの医者この医者と十軒も二十軒も医者を換え、あらゆる素人療法、おまじないまでもしてみる。

実をいうと眠りというものはひとりでに眠くなって眠るのであって、何とかして眠ろうと不安を抱いて工夫しては、感情が昂《たか》ぶって、ますます眠れなくなるものなのである。眠れなければ本でも一晩中読んでやれと思って本に夢中になると、本を開いたまままいつの間にか眠ってしまうようなものなのである。小心者はかえって眠れぬ工夫をして困っているのである。

小心な学生の勉強態度にもこのようなことがある。本を読んだが、ちっとも頭に入っていない。読んだことを思い出そうとしても何も出てこない、自分は頭が悪くなったのだ。他の人を見ると軽く読み軽く覚えて平気な顔をしている。これはたいへんだ。一つためしに今朝の新聞に何があったか思い出してみよう。議会で再軍備が問題になっていたっけ。それから何があったかしらん、何も思い出せない。今朝読んだ新聞のことがこれだけしか思い出せないとはおかしい。きっと健忘症にかかったのだ。

しかし実のところ人間はこのくらいしか覚えていないのが普通である。試験のときにノートを覚えて、全部覚えたとか八〇パーセントは覚えたとか言える人がいったいあるだろうか。普通の人はそんなことは気にしない。しかし小心者は、人はノートを読めば全部覚えるものなのだ、他人が平気な顔をしているのは全部覚えたためなのだ、と勝手な定義を下し、自分がその定義に合わないので、ひどく心配するのである。

このような小心者は神経衰弱、心気症といわれる。つまらぬことに拘泥し心配して仕事もできなくなるので、神経が弱ったのだろうと考えられるから、こう呼ばれるのだが、本当に弱ったのではない。気が小さいため注意が病気に向いて仕事に向けられないため、できなくなるのである。人間は不完全なものであり、本当に張り切って仕事ができ、気分もよいという日は普通の人にもいくらもない。たいていの日は体がだるく頭も冴えぬが仕方なしに仕事をしている。小心者はこのことに気がつかず、自分のこの不完全な状態が普通なのであるということに気がつかないのである。

小心者の種々の状態はもっと激しくなることがある。その二、三の例を挙げてみよう。

Bは子どもの頃から潔癖であった。小学校の頃、運動のとき隣の子と手をつなぐときに、その子の手についている汚いものがつきはしないかと、ちょっとためらった。電車の中では吊皮につかまらずにいた。学校を出て仕事をするようになってから、この傾向はますます昂じた。ことに便所へ行くときに着物が便器や汚れた壁にさわりはしないかと思って、入る前から着物をからげて行く。それでもさわったと思うと、もうどうにもならない。さっそく着物の洗濯をする。人にいちいち頼めないので自分でする。これも大変なので、裸になって便所へ行くことにした。客がいても便所の前で裸になって行く。外で共同便所に入ることは極力がまんする。それでも、どうしても入らなねばならぬことがある。そうすると着物中汚いものがついてしまったと思い、もう何も考えられず家へ急いで帰り洗濯をする。しまいには町を歩いていて汚い溝を見ただけで自分がそこへ落ちてどろどろになったような気がして、もうどうにもならない。仕事などとても手につかない。

＊

ある青年、十二歳ぐらいから自慰を覚えた。非常に悪いことと思いながら止めることができず、また他人に知られることを恐れて、いつもくよくよしていた。ところが近頃ある本を読んだら、自慰をすると性的無能者になるとか、頭が悪くなるとか、脊髄病になると書いてあった。また変態性欲者はある国では刑罰を受けると書いてあった。自分は近頃頭が悪くなったようで記憶力がなくなった。手足も時々しびれたような感じがする。そろそろ病気がはじまってきたのではないかと心配していた。あるとき学校の便所に入ったら壁にマスカキと落書きしてあった。あっ、俺のことを書いたなと思った。誰か自分が自慰をしていることを知っていて、そのあてつけにこんなことを書いたのではないか。それ以来、他人が自分の自慰のことを知っていて陰でそのうわさをしているらしい。街で立ち話をしていた三人のおかみさんが自分の方を見て、にやっと笑って、こそこそと話をした。隣の子どもがああ、やった、やった、と言うのが聞こえた。自分が自慰をやったことを知っていて、からかっているのだ。警官が自分の家の前に立ち止まってまた歩いていったが、もう自分を目につけているのだ。自分はその筋に捕らえられて刑を受けるだろう。もうとてもだめだ。――こうして、この青年は急性の激しい不安な興奮に陥り、もう刑務所に入れられる、死刑になるのだと騒いだ。

＊

ある女性事務員は適齢期をもう過ぎていた。同じ年頃の娘は、だいぶかたずいてしまっているようだ。そのうちに同じ職場にいる年下の青年と懇意になった。彼は自分に結婚を申し込んだ。自分もうれしい。しかし自分の方が年上であるから本当に彼を幸福にできるだろうか。自分は本当によい人間だろうか。彼が申し込んだのも自分があせっていて彼を誘惑したような点がありはしないか。たしか何度か自分の方から散歩に誘ったことがある。自分は本当は淫乱な女なのだ。自分は本当に汚れのない女だろうか。そういえば記憶から消えかかっている昔の出来事がある。まだ小学生だった頃、親戚の中学生に連れられて散歩に行って抱きしめられたり体をいじられたりしたことがあった。自分もうれしかった。やはりあの子どもの頃から淫乱だったのだ。こんなことを相手の青年が知ったら、きっと自分は汚れた女だと思うだろう。どうも皆うすうす自分のことを感づいているらしい。同僚たちはどうも変な目で自分のことを見る。相手の青年の耳にも入っているにちがいない。私はもう妊娠しているなどと皆が言っているようだ。そんなはずはないが、もしそうだったらどうしよう。私生児を生んで、もう勤めもできまいし、両親も家から追い出すだろう。そうなったらもう行き所もない。――こうして、この娘は、人々から非難され、排斥されていると思い込み、家に閉じこもり、自殺を企てたのである。

ふさいだ人

人生は灰色で、心から笑えるような、楽しい快いことは全くない。見るもの聞くもの皆悲観の種である。仕事などもとても張り切ってやることはできない。やっていったい何になるだろう。失敗するに決まっているではないか。自分は全くだめな人間である。将来の希望などは何もない。どうしてこんなみじめなことになったのだろうか。何かの罰であろうか。きっと昔何か悪いことをした罰にちがいない。学校に行っている頃、試験の前に友だちがノートを貸してくれと言っても、いじわるをして貸してやらなかった。あの罰かもしれない。どうしてあんなことをしたのだったろう。自分は今やっている仕事なんか、やったのがまちがいだった。そんな能力はないのにやったものだから悪かったのだ。どや街の自由労働者でもしているべきだったのだ。いったいこれからちゃんと生活していくことができるだろうか。金もだんだんなくなってくるだろう。世の中は不景気になってきた。いまに家族の者も路頭に迷うだろう。皆は自分に何でもない、元気を出せと言うが、それを聞くたびに身を切られるような思いをする。いっそ家を出て浮浪者にでもなろうか。しかし世間の人は何と言うだろう。そんなことはとてもできない。しかし今のまま仕事を続けることもとてもできない。思い切って自殺でもしてしまおうか。そうすれば楽になるだろう。しかしあとに残った家族は困るだろうし、他人からは何とさげすまれるだろうか。また死んで本当に楽になるだろうか。あの世などというものはないにちがいない。しかし死後何もない、全くからっぽな所に永久にいるというのも何と恐ろしいことだろう。死とは熟睡と同じかもしれない。何も考えず、何も感じず、喜びも不安もないなら恐れることはあるまい。しかし眠りはまた醒めるから恐ろしくはないのだが、死は永久に醒めないのだ。とても死ぬことはできない。いったいどうすればいいのか。

生まれつきふさいだ人がある。憂鬱で、厭世的で、悲観的で、決断力がない。悪い方ばかり考えて積極的な行動ができない。人生は苦であり、死後は空虚であり、未来の希望はなく、過去のつまらぬ失敗を繰り返し後悔している。傍《はた》から見れば気の毒な人である。このような変わり者は何かの動機からできあがることもある。愛する者の死、戦争の悲惨にあって人生がはかない、苦しいものだと悟るのである。また幼いときから辛苦をなめて厭世的になることもある。しかし激しい憂鬱というものが、突如として、今まで何の変わりもなかった、あるいはかえって朗らかで積極的な人に、起こることもある。楽しい世界は一日のうちに苦しみ悲しみの世界となってしまう。そしてまたこれがあるとき突然に逆転してしまうのである。昨日まで何であんなに苦しんだのであろう。おかしなことがあるものだというようになる。このような苦と楽の交代が一生のうちに何回もくる人がある。循環性精神病あるいは躁鬱病と呼ばれるものであって、おそらく体質性の精神病である。

世の中を見ると、いったい楽しい人間と苦しい人間とどちらが多いであろうか。どうも本当に楽しい、愉快な人は少ないようである。一般に楽しみは永続しない。たちまち過ぎ去ってしまう。苦しみは永く続き、時がたつうちにかえって激しくなることさえある。また世の中には楽の種より苦の種の方がずっと多い。われわれは毎日心配、不安、苦しみの中に暮らしているようなものである。いくら働いても生活は楽にならない。自分たちよりもあわれな人間は、周囲に満ちている。楽な暮らしをしている人を見れば癪《しゃく》にさわる。外出すれば金を落とす。金を拾うことなどはまずない。拾っても届けなければ責《せめ》を感ずる。バスを待っていればいつも意地悪く別方向のものしかこない。こんな小さなことは別にしても、人はいつ社会から落伍するかわからない。うかうかしていると人に負けて職を失うかもしれない。いつ病気になって暮らしに困るかわからない。しかし最も根本的にはいつ死ぬかわからない。歩いていれば自動車にはね飛ばされるだろう、車に乗っていれば衝突するだろう、家にいれば火事になり、地震が起こって死ぬかもしれない。重い不治の病気がいつ起こるか知れたものでない。大戦争だって起こりかねない。これらがいずれも起こらないにしても、人は結局は死ぬものである。それならば人生に楽しみがあるはずはない。あるのは、ほんの一刻である。己を忘れている時なのだ。よく反省してみると人は死に向かって生きているのである。

また人間は罪の存在である。全く罪のない人間というのは生まれたての赤ん坊ぐらいのものである。他人に対して積極的に悪を犯さなくても、生きていくためには知らず知らず他人をおとしいれ、迷惑を及ぼしている。生きていくためには他の生物を殺さねばならない。他人と競争して勝たねばならない。われわれは平気でこういうことを行っていて感じないが、一朝ふりかえってみれば罪責を感じないではいられない。だから人間は本当に楽しいということは少なくて苦しみが多いのではないか。仏陀はこの世を苦しみと見たし、キリストは罪と見た。確かにそうであろう。躁鬱病という体質的遺伝的と思われる病気を見ても、楽しみと苦しみが交互にくる人、その一方のみが繰り返しくる人があるとすれば、躁の患者と鬱の患者とは、ほとんど同数であるべきなのに、鬱の患者は躁の何倍もあるのが普通である。

ふさいだ人は必ずしもふさいだようには見えない。道化者というのは、洒落《しゃれ》を言い、皮肉を言い、人を笑わせ、芝居をし、実際のんきな商売である。しかし心の底ではふさいだ人間であることが多い。落語家、漫才師、たいこもちには表面的な朗らかさしか持っていない者がよくある。ふさいだ気持ちに鞭《むち》打って、車引きが重い荷を引いて坂道を上るような気持ちで、冗談を言っているのである。わが子の死を見て少しも動じない昔の武士の妻に似たような、ふさいだ厭世的な人もよくある。かえって悲しみを外に現し、爆発させれば気が晴れよう。しかし、それができないで余計苦しむという人がよくある。

憂鬱になると見るもの聞くものすべて物悲しい。鳥の鳴き声を聞くと、気持ちが晴ればれしたときには鳥は愉快気に鳴いており、景色を眺めると憂鬱なときには淋しい暗い景色である。このように外の物にも自分の気持ちが反映するものであるが、憂鬱なときには外の物が持つ気分というものがなくなってしまうことがある。花が咲き鳥が鳴いているが、美しさも生命も感じられない。天然の花を見、その色もよく見えるが、造花のように死んでいて灰色としか感じられない。鳥は鳴いているが自分とはかけ離れていて別世界のものである。本当に花とか鳥が存在しているということさえ感じられない。細かい所まで見えるが、それは死んだ影に過ぎない。自分の傍にいる親しい人も木のでくの坊であり、機械人形のように歩いたり話をしたりしている。自分でさえもがいったいあるのかどうかわからない。自分は空気の中へ溶けてしまって単に姿しかない魂の抜け殻である。頭も考える力もなくて、まるでバカになってしまった。喜びも悲しみも感じられない。自分は死んでしまい、なくなってしまい、ただ影だけがある。食事をしても味がない。食べた気もしない。外の世界は生命のない絵だ。自分は消えかかっている影だ。しかし、こういうことを悩んでいる気持ちというものは苦しいものである。自分には考える力も感情もなくなってしまい、何を見ても愛も喜びも悲しみも感じられない。第一自分というものがないようである。しかし、この状態を悩む苦しみだけは、ひしひしと感じられる。このような奇妙な憂鬱状態は実感喪失といわれて有名なものである。

ふさいだときにはまた不安におそわれることがある。胸をしめつけられるような、いても立ってもいられない苦しみの状態である。不安には対象がない。何が恐ろしいのかわからないが恐ろしくてじっとしていられない。このような不安は全く身体的な条件で起こってくる。心臓自体の循環障害が起こると、突如として激しい不安苦悶におそわれる。今にも死にそうな不安が訴えられる。実際心臓自体の血流が止まれば心臓はまもなく停止してしまうだろう。すなわちその人間は死ぬのである。心臓が突然止まりそうだという純粋に身体的な条件で誰にでも激しい不安が起こる。極楽へ行って永遠の生命が得られるだろうなどという喜びが感じられることはない。やはり生物は死ぬことが不安なのであろう。

不安はまた健康な人間に何の理由もなく突如として現れることがある。夜、本を読んでいる。突然不安におそわれる。いったい何が恐ろしいのだかもわからない。本には何も恐ろしいことは書いてなかったし、平生心配なこともない。それなのに突然不安におそわれる。人間の生命のはかなさがわれわれの生活の根本にあるので、それが姿を現すのであろうか。このようなことのある人は、あるいは不安の哲学を作り、あるいは宗教に救いを求めるであろう。

初老期になると不安をともなう憂鬱な状態を起こすような精神病になりやすい。若いときの憂鬱には不安がともなわない。生命がまだ活気に満ちているためかもしれない。不安はその対象を見いだせばかえって落ちつくものである。死の不安にしても死をまだはっきり見つめられぬ間の方が強い。死をまともに見、生ははかないものと悟れば不安は解消することもあろう。

突如として不安におそわれる状態にはまた次のようなものもある。突然何か怪しいことが起こったという不安がおそう。何だかわからない、しかし何かが起こったのだ。空の色、風の吹き具合にもただならぬものが感じられる。人々はそわそわと歩いていて、何か大事件が起こったのではないか。街をうろついている犬さえも、妙にぴょこぴょこと、まるで機械仕掛けのように歩いていった。自動車の警笛は何かを予告していて不安だ。――この不安は長くは続かない。――そうだ、世界戦争が始まったのだ。――こうわかると不安は消える。――あそこを歩いているのはあれは東条大将だ。もちろん変装していて顔も身なりも全くちがうが。今ここを歩いていったのはアメリカのスパイだ。日本人そっくりに変装しているが。また戦争が始まるのだ。――このような妙な事実に思い当たって少しも疑わないのは妄想である。そしてこのようにありえない事実が思いつかれて疑いを容れないのは、精神分裂性妄想という。不安がまず起こり、その対象を求められないうちは不安が強く、妄想としてでも対象がわかれば不安は解消する。

しかし精神分裂病の人には次第に不安がおそってくることもある。ふと目にふれた何でもないものに不安な重大な意味がある。街で知らぬ人が二人で立ち話をしている。あれは自分の悪口を言っているのだ。通りすがりの人が咳ばらいをした。自分に何かあてつけ、からかっているのだ。ふと自分の前を横切った人がある。あれは刑事だ。お前をつけているのだということを知らせるために前を横切ってみせたのだ。家の前に近所の子どもが石を転がしていった。子どもまで自分が罪人であることを知っているのだ。新聞に鈴木という人が自動車にひかれたと書いてあった。私も鈴木というのだが、私が悪いことをしたのをあてつけて、あのように書いているのだ。精神分裂性妄想では何の関係もないものに自分を不安にする重大な意味が含まれているのを直観する。このような不安は普通の人間にもある程度見られることがある。何か後ろ暗いことのある人は誰か立ち話をしていれば自分のうわさではないかと疑う。盗人は後からくる人を刑事ではないかと疑う。精神分裂性妄想の場合には後ろ暗いこともなく盗みもしないのに自分が罪人であることに疑いを容れられない。われわれはまた迷信によって何でもないことに不安を抱く。三人で写真を撮ると中央の人は死ぬのではないか、人が箸でつまんだものをまた箸で受けるのは縁起が悪いなど、実際には何の不吉なものもないのに不吉な意味を取る。そして塩をまいたり、しめ縄を張ると不吉が清められると感ずる。このような妄想的不安はかなり病的なものであるが、その萌芽は日常生活のうちに迷信、原始的思想としてたくさん入り込んでいる。

不安は小心者にもよく起こる。人の前へ出たら顔が赤くなりはしないかと思うと人の前へ出るのが不安であり、出られなくなってしまう。性的無能力者ではないかという不安があると実際性的無能力になり、不安はかえって増す。これは不安の中でも小さなくだらないものである。しかし小心者の当人にとっては生死の問題ほどに切実なものなのである。

われわれが重い病気、なかなか治らない病気になると、気がふさぎ、不安になることが多い。病気がわれわれを死に直面させるためのこともあろう。しかし病気のときの不安は必ずしもこのような深いものでないことの方が多い。医者に払う金が充分にないのではないか、病気が治るまでに生活費が続かないのではないか、家族が路頭に迷うのではないか、自分が死んだら後に残ったものはどうやって暮らしていくだろうというような経済上の不安が主なものである。社会保障制度が確立されれば全く解決されるようなことが病人の憂鬱さの原因となっていることが非常に多い。

気がふさいでいると体の病気の治りも妨げられる。結核患者が病気が治るかどうか、金が続くかどうかを心配していると、なかなか治らない。体の安静とともに心の安静が必要であるというのは、肺の物質的な炎症ということにどう影響するのか怪しいようであるが、感情というものは身体に大きな影響を与えるものなのである。気がふさげば食欲がなくなる。これは結核患者にとっては大打撃である。恐れがあれば顔が蒼《あお》くなり、筋肉が緊張し、血圧が上がり、毛が逆立つということは、恐れのときにアドレナリンが副腎から内分泌されるせいであろうか。そうすればエネルギーの消費を増して体は消耗する。この不安を去るために宗教に入る人もあろう。そうすれば信仰の力で病気が治ったということになるのである。しかし社会保障制度の確立によって病人の憂鬱を去ることができれば、それはいくつもの新薬を発見するよりも、はるかに効き目があることであろう。

朗らかな人

これは神の恩寵を受けた人間だと憂鬱な人はきっと言うであろう。愉快で、体の調子はいつも上乗で、いくら仕事をしても疲れを知らず、力が満ち満ちている。自分にはできないことはないと思われ、自信満々である。世の中はおもしろく、人生は楽しい。自分には何の悪い運命も起こらないであろうという確信を持っている。

このような人間は実際めぐまれた人間であろう。しかし傍《はた》の者にとっては必ずしも良い人間と思われるとは限らない。おしゃべりでうるさいし、干渉好きだし、軽率で無遠慮だし、頓知や洒落《しゃれ》が多くて深いまじめさがない。人生の本当の意味など考えてみたこともあるまい。そんな話を持ち出せば、そんな不景気なことは考えずに一杯やった方がいいではないかといった調子である。

酒を飲むとこのような状態になる人が多い。平生ふさいだ人も酒を飲むと朗らかで気が大きくなる。酒飲みには、この気持ちになりたくて飲む人も多い。「酒は憂いの玉箒《たまははき》」

という文句はこのような人が発明したものであろう。前の項で述べた躁鬱病の状態のときにはさらにこの朗らかさはいちじるしい。軽い躁病の娘でもガールフレンドに持った青年は実に面白いであろう。愛嬌はあるし、気前はよいし、いつも朗らかにさえずっていて、機嫌をとってくれ、色気たっぷりであり、簡単に身を任せてしまう。しかしもう少し激しいのに会ったらかなわない。うるさくて頭ががんがんする。少しも静かにしている時間はない。電車の中で人前もかまわずキスするかもしれないのだ。

朗らかな幸福な人は多くは健康で生活の心配がないという環境から生まれる。アメリカ人などにはこういう人が多い。しかし、みじめな生活をしていても朗らかで幸福なこともある。その第一として、そのような具合にふるまって気をまぎらわせている人がある。心の底では朗らかでも幸福でもない。しかし表面ではそんな様子をしている。これは自己欺瞞《ぎまん》のこともあり、またこのような態度が美徳とされることもある。第二のものとして悟りがある。悟りをひらくというのは宗教的な回心であって全く主観的なものであり、他から見れば、なぜそんな悲惨な状態にあって幸福なのかはわからない。悲しいみじめな生活がどうにもならないときに、せっぱつまった一つの逃避ではないであろうか。このような幸福感は病的に突然人を襲うことがある。たちまち世界が明るくなった。日光は何ときらきらと輝いているのだろう。木の葉の色も花の色も目がさめるように美しい。人々には後光がさしている。壁のしみでも、灰皿の上の灰でも、言うにいわれぬ美しい陰影に満ちている。自分の体は浮き浮きして今にも飛び立ちそうだ。極楽がこの世に現れたのではないだろうか。

このような幸福感を味わう精神病者はまれであるがいる。自分は神の子であり、救世主であり、何でもわかる全能者であると感ずる。毒薬、例えば阿片とかマリファナとかメスカリンなどのアルカロイド、あるいはシンナー（トルエン）によって、このような恍惚とした幸福な感じに達しえられることは有名なことで、多くの文学にその状態が描かれているてんかんの発作の直前の一、二秒の間に、このような恍惚感が襲うことがある。ドストエフスキーにはこの種のてんかん性恍惚状態があった。

> 私は天が地上に下ってきて私を呑み込んだと思い、神を崇高な深い真理と感じ、自分に神が滲《し》みわたっていると感じた。そうだ、神がたしかに存在するのだ。あなたは何とすばらしい歓喜がてんかん患者を発作の一秒前に貫き満たすか思いも及ぶまい。私は人生のどんな喜びでもこれと交換しようとは思わない。全生涯をこのような瞬間のために献げても、本当に献げ甲斐《がい》があるというものだ。

全存在を満たす永遠の調和を突如として感ずる瞬間が人にはあるのだ。突然あらゆるものがわかり、これが真理なのだという、そうしたものなのだ。この感じは恐ろしいほど澄み、この喜びは恐ろしいほど烈《はげ》しい。この五秒の中に私は一つの全生涯を生きるのだが、私の生涯をこの数秒間に献げてもいい。

病的な朗らかさにはもっとバカバカしいものもある。俺には一兆円も十兆円も金があるのだ。天皇陛下より偉いんだ。俺には何でもできないことはない。勅語を一筆書けば世界中から兵隊が集まってくるから世界の王様になれるんだ。そうしたらお前にも月給を一千万円ぐらいやろう。ひとつ一筆書いてやろう。この者を余《よ》の部下に任じ月給一千万円を与う、世界大王。というようなことを、これを大切にしまっておけよと言いながら、ぼろを着た、貧弱な病人が、ちり紙に鉛筆で下手な文字で書いてくれるのは、誇大妄想といわれるが、空虚な幸福である。この典型的なものは脳の梅毒のときに見られる。

昔のよい時代にはこういう病人は多かった。しかしこのごろはごく少なくなった。脳の病気のためにこのような朗らかさが起こるというのは、社会状態などという環境からは影響を受けないように思われるのだが、そうでもないらしい。このごろこういう病人が少ないのは、やはり不安な住みにくい社会のせいだろうか。しかし、心理学的解釈は何とでもいえる。もし現代にこういう病人が多いとすれば、不安な住みにくい社会から脱落したのを代償して、このような妄想的幸福に逃避しているのだといえば、それもいかにももっともである。

ある極端な過激思想の闘士が反対派に捕らえられて獄にぶちこまれ死刑になるかもしれなかった。ところが入獄中この闘士は誇大妄想を起こし、反対派の首領は自分の弟で明日迎えにくる、一杯やって大いに論ずるのだとたいへんいい機嫌になった。この闘士も死刑になるので苦悩した果てにとうとう正気を失ったか、どうにもならないせっぱつまった気持ちをこのような誇大妄想で代償し、妄想的幸福に逃避したのだと考えられた。ところがよくしらべてみると、二十年も前にかかった梅毒の病原体がちょうど入獄中脳の中に食い込んだことがわかった。するとこの狂気は全く脳の破壊による偶然なものなのか。しかし「この」誇大妄想を起こすのはやはり「この」苦悩のためなのか、さらに進んで折よく入獄中に菌が脳に食い込んだのは苦悩の結果なのか。このようなことを問題にすると解決はつかない。われわれの知っているのは、早く菌を殺してやれば「この」狂気は治るということだけである。ペニシリンの発見によって、この主観的には幸福な、客観的には悲惨な、精神病は退治されてしまった。

不機嫌な人

不機嫌な人は小心者やふさいだ人より積極性がある。他人にぶつかっていくのだから。しかし人にぶつかって、その人を不快にして、自分の不快さから逃れるのであるから、ずるいところがある。不機嫌は人から人へと伝わっていくものであろう。夫の不機嫌は妻にぶつかる。そして妻は不機嫌になり子にぶつかる。子は犬にぶつかる。この不機嫌な犬は他人にぶつかって噛みつくだろう。

不機嫌は、不快なことに遭遇すれば、誰にでも起こる感情である。しかし、いつも不機嫌な人もある。落語に出てくる小言幸兵衛《こごとこうべえ》〔口やかましい家主が、家を借りに来た人に何かと理由をつけて断る話〕のように、いつもぶつぶつ言い、人を叱りとばしている。このような不機嫌さがかえって人の畏敬を受けることがある。軍人とか大臣とか裁判官とか警察官というものは、いつも不機嫌な顔をしていた方が人望があるとは滑稽なことだ。ニヤニヤした警官は頼りない。このような人は自己の職務の席につくと、たちまち不機嫌になる。しかし大臣大将とは限らない。役所の窓口の下っぱ役人でさえ人民に対して不機嫌な顔をする。人民は恐れ入って引き下がる。この不機嫌の原因は安月給と優越感である。役人は人民より偉いくせに月給が安いということの不平をぶちまけているのだ。そんな偉い人が人民に向かって愛嬌をふりまいては損ではないか。

なぜ不機嫌になるのか全くその動機がわからない不機嫌というものが普通の人にもよくある。朝起きたときから何となく面白くない。人の言うことにいちいち腹が立つ。一日中むしゃくしゃしているということは、前日不快な出来事があったのでもないのに、よくあることである。おそらくわれわれの心の土台となっている脳の何かの調子の狂いなのであろう。そんなときにはアルコールが入って神経細胞に滲み入るとたちまち好機嫌となることがある。このような動機のないむしゃくしゃした気分におそわれたときに、ちょっとした不快な出来事があると、たちまち大爆発を起こす。大したことでもないのに大喧嘩をして人を傷つけたり、僅かのうらみの報復のために人の家に火をつけたり、ちょっと叱られたために家を飛び出したり、自殺を企てたりする。

酒を飲むと普通は好機嫌になるものだが、人によってはかえって不機嫌になる。意地悪くなり、喧嘩を吹きかけ、乱暴をする。これは不幸な酒飲みである。そうなるならば、なぜ酒を飲むのだろうと傍《はた》で不思議に思うのだが、不機嫌になってあたり散らして不機嫌がいくらか解消するところに妙味があるのかもしれない。

病的な場合には好機嫌よりも不機嫌の方が多い。人間は不幸なものである。普通人でも病的な場合でも、好機嫌より不機嫌が多く、朗らかより憂鬱が多く、喜びより悲しみが多く、大胆者より小心者が多いのである。精神病院には厳重な格子がはまっているのも、不機嫌で、怒って乱暴をする病人がいるからである。しかし人間の本質が元来不機嫌なものであるからだと断言することはできない。人間の住む社会にはいかに人を不機嫌にする原因が多いことだろう。それもほとんど皆人為的なもので、社会の人の心がけ次第でいくらも改善しうるものなのに、改善されず、人をいらいらさせる。社会が改善されたら不機嫌な人間も、不機嫌な精神病者も減るかもしれない。

前項で述べたドストエフスキーのすばらしい幸福感とは逆に不機嫌になるてんかん患者は多いものである。もちろん一秒や二秒の発作ではなく、何時間、あるいは何日ものあいだてんかんの人には突然不機嫌な状態が起こる。その怒りっぽさ、癇癪《かんしゃく》、乱暴には手がつけられない。しかしまれには不機嫌の代わりに好機嫌が現れることもある。

わずかの機縁で、かっとなって立腹し、暴行をはたらく人というのは平生は気の良い人も多い。かっとして怒っても、あとではけろりとしている。怒ってもあまり外にそれを現さず、じめじめといつまでも不機嫌でいる人よりは、あっさりしていてよい。江戸っ子の魚屋、一心太助のような人〔義俠心に富んだ江戸っ子気質の性格〕、ちょっと他人に悪く言われると、何を言ってやがるんでい、この野郎、と前後の考えもなく殴ってしまって、あとでよく考えてみて、俺も悪かった、許してくんねえよ、というようなのは、単純で気の良い人なのであろう。酒を飲むとこのようになる人も多いが、こういうのは不機嫌というより軽率な人間に入るのであろう。

のらくら者

のんきなぐうたら、これは感情も鈍く、意志も弱く、積極性のない人である。われわれには皆、多かれ少なかれ、その傾向がある。一日おきに日曜があればいい。これはわれわれの理想のようである。しかし本当にそのような身分になったら幸福であろうか。私はいつかあまりあくせくとした生活が続いたので数日の暇を見つけて山の中の温泉へ出かけてみた。本も何も持って行かない。そして一日中何もせずにのんびりと暮らしてみようと思った。宿へ行って温泉にひたり、部屋へ帰って昼寝をする。二、三時間はよかったが、そのうちに退屈になり、そこら中を歩きまわり、川に石を投げたり、花を探したりし、カメラを持ってこなかったことを後悔したが、どうにもならない。バスの終点にパチンコ屋があった。ここへ着いたときには、この山の中になぜパチンコ屋があるのかといぶかった。こんな山の中の温泉まで来てパチンコをやる奴もあるとは驚いたというわけだった。しかしそれから何時間か後にはパチンコ屋の存在理由がのみこめた。

そしてバスの終点の切符売場に貸本が二、三十冊あるのを見つけてほっとして、捕物帳と波瀾万丈の時代小説を宿の部屋に何冊か持ち込んで読みふけったのであった。そして、こういうものがあるからには、この山の中の温泉で退屈を感ずるのは自分のみではないと思って安心した。

人はある程度以上のらくらしてはおられないものである。普通のらくら者というのは何もしない者ではなくて、役に立つことをせず、役に立たぬことをする者である。役に立たぬといってもそれは面白い、意志の緊張のいらないようなものである。映画を見たり、パチンコをやったり、友人と雑談をしたり、山や海へ遊びに行ったり、ということで、ときどき、こういうことをやるのはレクリエーションとして結構なことであるが、始終こういうことをしていて仕事をおろそかにするのはのらくら者である。われわれは皆ある程度はのらくら者であるのだが、社会の迷惑にならないぐらいのものはのらくら者には入らない。

のらくら者に入るのは意志薄弱の非行少年、浮浪者など、ちゃんとした職業や勉強をしないで、放縦な生活をする者であるが、マージャン、パチンコに凝った者、女遊びに凝った者も、のらくら者に入るかもしれない。しかしまた高級なのらくら者もあるのではないか。大学の教師などはそうかもしれない。汗水たらして働くことはない。勉強しているを称して楽な好きな道楽をしている。月給は安くて暮らしは不如意だが、頑張って働いて金をもうけようという気はない。偉そうなことを言って人を煙に巻いて得意になっており、人もそれを感心しているので、ますます得意になる。また一般に君主もそうである。これは食う心配がないからそうかもしれないが、積極的に自分から何かしようなどということはなさそうである。皆臣下がやってくれる。王様、車にお乗り遊ばせ、お降り遊ばせ、五時間は便所へ行ってはいけません、戦争を始めなさい、やめさせなさい、——君主には自由がない。皆人が決めてくれる。不良少年もそうである。悪友に誘われて、——パチンコへ行こうじゃないか——よし行こう。——酒を飲もうじゃないか——うん飲もう。——親父の金をかっぱらってこいよ——うんかっぱらってこよう。しかしこの仕事を片づけろと言われればできない。君主も、このむずかしい国の状態をどう致しましょうか——よきように取り計らえ、というのであれば不良少年とちがうところはない。

人間の積極的活動というものは人間であることの根本的なものであるらしい。人間の脳で最も発達しているのは脳の前部であることは確かであるが、ここに人間の知性が宿っているのではなさそうである。というのは、この部分を切り取っても人間はバカにはならないのである。人間の脳の一番発達した前部を切り取って心理検査をしてもほとんど何の故障も現れない。それで以前は沈黙領域といわれていた。人間の精神活動に何の影響もないように見えたからである。人間で最も発達している脳の部分が何もしないとは妙なことではないか。しかしこれは心理検査では現れないような故障を起こすのだということがわかってきた。すなわちこの部分を切り取られた人間は自発性が減り、自ら進んで困難にぶつかり、これを克服していくという意志が失われることがわかった。すなわち人間が最も発達したというのは、知的に優れているということではなくて、のらくら者ではないということなのである。

病的なのらくら者には徹底的なものがある。私は十年もじっと寝ていたために足が萎縮して歩けなくなった病人を見たことがある。面壁九年《めんぺきくねん》よりもひどい。もちろん肉体の重い病気があって絶対安静を保っていたというのではなく、活動する気がなくなったためなのである。絶対安静を保つということはまた逆に強い意志を必要とすることなのである。

病的なものぐさの場合には、朝は起こさなければ起きない。顔も言いつけなければ洗わない。朝飯がすめば、ごろごろして雑誌を眺めたり、新聞を隅から隅まで見たりしている。人と話もしない。午後には昼寝をする。言いつけられれば掃除ぐらいはするが、自発的にはしない。映画を見に行くことも、友人を訪ねることもない。学校へ行け、仕事をしろと言われても、体がだるくてというような言いわけをして何もしない。それでどこか病気かと思われている。医者に診てもらえば体には故障はないと言われる。まあ神経衰弱なのであろう。

このものぐさはさらにひどくなる。一日中座ったまま、寝たままである。たまには家の中をあてどもなくうろつく。着物は着たきりで、放っておけば二ヵ月でも半年でも下着を換えない。風呂にも入らず、垢だらけである。さらにひどくなると便所へも行かず座ったまま小便をしてしまい、濡れても平気でいる。しかし全くバカになったのではない。何かの拍子に話をすることがあれば昔のことはよく覚えており、時にはむずかしい議論、気の利《き》いた言葉を言うので、傍《はた》の者は驚くぐらいである。このような絶対的ものぐさの状態は精神分裂病〔統合失調症〕という精神病に現れて、三十年も四十年も、死ぬまで続くのである。そして精神病の中ではこのような形のものが最も多いのであって、不治のまま精神病院に一生を暮らす病人は、その七、八〇パーセントまで、多かれ少なかれ、このような状態なので、精神病院という所は映画の場面に見るように、うるさい、さわがしい所ではなく、静かなひっそりとした所なのである。病人は放っておけば一日中うずくまっており、一日中窓から外を眺めており、一日中貧乏ゆすりをしており、一日中布団をかぶって突っ伏している。彼らは外界の出来事に全く関心はない。他の病人がさわごうと何をしようと、自分は自分だけで、何のかかわりをも求めようとしない。一人一人が別々であって、社会というものは全く成立しない。

精神病の患者の中には、ことに初期のうちには、さわがしい者、うるさい者、不安の激しい者があって取り扱いに厄介である。これがおとなしくなったらいいではないか、そうなれば治ったといえるではないかというわけで、精神外科といって脳の前部を切る方法が発明された。これは時に効果がある。取り扱いにくい人間がおとなしくなるのである。しかしおとなしくというと聞こえがよいが、実はものぐさに、ぐうたらになるのである。いったんこうなると、もうどうしようもない。暴れても活発な方がまだ人間に近かったのである。妄想的不安が強かった病人は脳を切られて平和を得る。しかし同時にある程度ぐうたらになる。その日その日に満足し、どんな状態にも満足して、進歩や発展はなくなってしまう。妄想的不安でも不安のある方がまだ人としては高等である。争い、敗れ、傷つき、それでもまた闘争をしようというのは野蛮なようだが、豚の如き安穏な状態にくらべれば、ずっと高等なのである。人間の歴史が闘争の歴史であるのは、人間の発展性のためなのだろう。このエネルギーを消して豚の如き安穏状態に至るのは人間の終わりであるかもしれない。といって戦争がよいというのでなく、人類全体の生活の向上のために全人類が努力するのが理想的な人間発達の状態なのであろう。

精神病院に堆積している徹底的なのらくら者は自己の意識のない、植物のような生活をしているが、奇妙なことには皆同じ顔をしているという感じを与える。個性のない一般的な人間というものは顔まで同じになってしまうのであろうか。またこのような顔は坊さんのあるもの、近頃作られた仏像にも見られる。いずれも低級な現世からの逃避、脱落をあらわしているのであろう。

熱心家

熱心というのは人間の美徳であり、価値の高いものである。のらくら者の反対である。あまり熱心になれないのが普通の人間である。しかし熱心に勉強し、熱心に仕事をするのが変わり者とはいえないのは、この熱心は価値の高いものだからである。けれども熱心が変わり者のしるしである場合もある。凝り性という熱心家がある。のらくら者がパチンコをやるのとちがって、どうやれば球がうまく入るかを熱心に寝食も忘れて研究する。釘のまげ方、力の入れ方などをしらべ、球の入る回数を統計的にしらべ、もしパチンコ学というものがあればその大家になるのであるが、しかしこの場合はあまり人にほめられない。熱心さは価値があるにしてもパチンコという対象にはあまり価値がないからである。このようなパチンコ学に凝って本来の仕事をおろそかにする人がある。碁、マージャン、トランプ等に凝る人、オーディオの機械の組み立て、軽音楽に凝って、学校で落第する生徒などもこれである。しかし凝り過ぎない程度に道楽をすることは、レクリエーションにもなり、何も道楽のない人というのは、ものぐさ者である恐れがある。学問的な道楽を半分ほめ半分けなしていう場合にはディレッタントという。ディレッタントの当人は得意なものである。法律学者が試験管を振ってみせ、化学者が文学評論をやる。一応他人に感心される。しかしこの副業が大きな実を結ぶことはあまりない。けれども芸は身を助くで、こんな思わぬ副業が役に立つこともあるが、そのときには正業が失敗しているのであるから、あまりほめたものでもない。ただ器用な人だというだけのことである。

何々主義者というのも熱心家である。共産主義者、国家主義者、菜食主義者などがあるが、これはいずれもある理念を信奉して、能動的に、好意的に、これを他人にも広めようとするのである。共産主義者があらゆる弾圧に堪えて己の最も正しいと信ずる理念をまげないのは崇高なものさえある。平凡な主義者というのは少しの弾圧では冒険的に運動して快感を味わうが、捕らえられて拷問にでも遇《あ》いそうになると軽く転向してしまう。これが普通の姿であって、絶対に転向せず、己の信ずるところをまげないのは変わり者である。ただし価値の高い変わり者である。しかし時の為政者からいえばうるさい、厄介な、けしからぬ、価値の低い変わり者であろう。

菜食主義者、何々式健康法信奉者などというものも非常に熱心である。自分だけでそれを行うのでなく、頼まれもしないのに人に施して歩く。もちろんこの場合こんなことをして金をもうけるというのは数に入れないのであって、自分が損をしても広めて歩くというような人をいうのである。人助けのために、世の中を幸福にするために、この方法が一番正しいのだということを確信して、何事もなげうって宣伝に専念する。純客観的に眺めると、その人の信じているものは誤りであることがよくある。蝮《まむし》の黒焼きだけで何の病気でも治るというのはまず誤りであろう。しかし信奉者はそれを絶対的に信じて、いかに人に反対されようと、人から笑われようと、時に誤って失敗をしようと、根気よく広めていくのである。

このような態度はほとんど宗教的である。宗教にも熱心家がある。狂信者、熱狂者といわれる。いかなる迫害にも堪えて自己の信ずる宗教を広め、火あぶりにあっても、はりつけにあっても、教えを捨てることがない。殉教者と呼ばれるものである。この殉教者には尊いものと、バカバカしいものとある。パウロ、日蓮、島原の殉教者たちは尊いようであるし、爾光尊《じこうそん》〔奇異な言動が目だった新宗教、爾宇《じう》の主宰者〕の信者たちはバカバカしい。しかしその心理状態からいえば同じものであって、ただその宗教が価値のあるものか邪教かというところにちがいがあるのである。平凡な普通人はそれほど強い信仰は得られない。これは邪教に夢中にならないというのならばよいことであろう。しかし本当の信仰を得られないということから見れば哀れな人間であろう。

　熱心家の困ったものに、あくまでも自分の侵害された権利を守るという人がある。これは元来は正しいことである。個人の財産が守られている法治国にあって、自分の財産が少しでも侵害されるならば、法律に訴えてそれを守るのは当然のことである。しかし、ここに一〇ヘクタールも二〇ヘクタールも持っている地主がある。その土地の境界はだいたいわかっているようなものの隣の地主と接する一平方メートルか二平方メートルはずいぶんいい加減なものであろう。しかし何かのときに境界をはっきり定める必要があって、自分の信ずる所有地の一平方メートルが隣の所有地だといわれる。普通の人ならば一応は文句を言うのが面倒だから一平方メートルぐらいどうでもよいと思う。しかし権利闘争者はそう簡単にはあきらめない。隣の家へ行って、どこまでも談判する。隣の地主もこのような頑固者ならたいへんである。お互いに弁護士を頼んで訴訟を起こす。金を何百万円も費やす。調停に立つ者が一平方メートルぐらいどうでもよいではないかなどといえば事だ。あれは法を守らぬ者である。隣の者に買収されたのだと罵り、自分の敵だと思い込む。脅迫状を出す。自分の家族には相手は七代の末までも敵と思えとさとす。相手の不埒さを公開するようなビラやパンフレットを作ってばらまく。このようなことを五年も十年もやっていて生業はほとんど放擲《ほうてき》され、訴訟に金をいくらも使うので財産は次第に減り、それに気がつけば、これも相手のせいであるとよけいに敵愾心《てきがいしん》を増す。そしてついに破産してしまうか、あるいはその前に家人や親戚が正気を失った者として扱い病院に押し込んでしまうのである。本人はおそらく一生涯相手をうらみ、世をうらんで病院の一室で生を終えるのであろう。

このような人には何も不正なことはない。いいかげんに妥協せずに小さな権利の侵害にも熱心に抵抗するのは価値の高い態度であろう。しかし普通の人から見れば、あまり頑固すぎて小さな損のために大きな損をするのはバカバカしいことだと思う。それでも、よく考えてみれば、この頑固者の方が正しいのではなかろうか。自己をごまかさず、法律をごまかさないからである。いいかげんなところで妥協してしまわないからである。けれども変わり者の定義からいえばやはり変わり者ではある。

このような変わり者は小説などで時に取り扱われる。クライストのミヒャエル・コールハースは典型的なこの種の変わり者である。馬商人であった主人公はある公子にずるいことをされて馬一匹を台なしにされたのでこれと争い、暴動を起こして己の正義を守ったが、ついに刑死するのである。

熱心な人にはまた発明家や探検家がある。ある機械を発明するのに家財をなげうち困苦を忍んで二十年も三十年もかかってついに初志を貫徹するのも、何年もかかって失敗を繰り返しつつ、ついに高山を征服するのも貴い行為で、その強い意志には頭が下がるばかりである。しかしこの発明が実らなかったならば、それは変わり者である。このような気の毒な、うずもれた発明家はたくさんあるであろう。しかし、そういうものを発明しようとしても、その可能性のないのにもかかわらず当人は発明しうると信じて、熱心に何事をもなげうってこの発明に没頭する人がある。永久運動の機械を発明しようとしたり、藁から金を採ろうとしたりするような発明家がよくある。もちろんその中には詐欺師もあるが、その詐欺師を信じて自己の財産をなげうってその発明を達成させようという熱心家もある。これは邪教の宗徒と同じことである。また探検家の中には、ある山の中に金が埋まっていることを確信して一生涯探しまわる者がある。失敗すれば変わり者である。ところで発明家にしても、そういうものを発明しようという考えが正しいのか誤っているのか普通の人にはよくわからないことが多い。平凡人には考えつかないようなすばらしい考えは大発明には必要欠くべからざるものなのであるが、平凡人から見ればとんでもない妄想と思われるであろう。

冷たい人

人情味のない冷血動物というと恐ろしい感じがする。殺人鬼、高利貸、憲兵、刑吏というようなものをまず考える。しかし多くの偉い独裁者、将軍たちも本当はこのような人間なのである。自分の反対者は容赦なく殺してしまう。お国のためという崇高な目的のためには敵も自分の部下もどしどし殺してしまう。しかし、このような冷血動物はあまりそうとは見えない。独裁者は子どもたちに愛嬌をふりまいているような写真を撮らせるし、将軍は部下を殺してすまなかったというような詩を作るからである。ところで絶対的に温かい人情味のある将軍は将軍がつとまるまい。敵を殺すのは可哀そうだから銃を射つな、部下は気の毒だから退却させよ、と言っていれば戦争に負けてしまう。

軍人の冷血性はしかし個人的なものとはちがう。戦場での殺人者が平気で平時にも人を殺せるものでもあるまい。戦争という超個人的な状況では個人的な感情は通用しないのである。召集された兵隊も、もし軍人でなければ、道のまん中で被征服国の娼婦とふざけたり、婦女に性的暴行をしたりはしないであろう。

　このような冷酷性は多くの人間が集まったときにも起こる。一人一人は人情味のある善人なのに多くの人が集まると平気で私刑を行ってしまう。集団的冷血性とでもいうべきことなのであろう。量が増すと質が異なってくる例である。

　残酷なことをするのではないが冷たい人というのがある。感情の温かみのない人である。別に悪いことをするのでもない。それでも冷たい感じを与える。この場合には表情が非常に関係する。痩せた、蒼白い、動きの少ない、尖った顔をしている。このような表情は感情の現れであろうか。あるいは生まれつきの顔のでき方に過ぎず、実はこのような表情の後に温かい感情がかくれているのであろうか。顔のできというものは奇妙なものである。醜い顔でも徳の高い坊さんは神々しい顔をしている。整った顔をしていても高利貸は人相が悪い。しかしこのような一致は必ずしも常にあてはまるものではない。外面如菩薩《げめんにょぼさつ》内心如夜叉《ないしんにょやしゃ》ということもある。また体質的に冷たい顔の人は心も冷たいということもある。ある形のものは普遍的に誰にでも冷たい感じを与える。悪魔というものは、どこの国へ行っても痩せて蒼白い尖った顔をしている。あから顔の太った悪魔はいない。あから顔の太った人は朗らかな、温かみのある人間である。

　冷たい人間はしかし、物事を深く、感情をまじえずに、つきつめて考える理知的なところがある。社交性がなく、いつも自分の心の中にとじこもっている。他人と協調することはなく、他人から離れて自分だけで暮らすか、あるいは自分の考えを他人に強制する。このような人にもいくつかの型がある。冷たい貴族的な人、イギリス貴族、お高くとまった上流夫人というようなのもある。また理想主義者、主義を貫徹するためには何物をもかえりみない者というのもある。冷酷な暴君ネロ、ロベスピエールの如き人間もいる。あるいは世事に疎い学者や辛辣な皮肉屋も冷たい人間である。いっそう価値の低い人間で冷たいものには、何もしない怠け者、無味乾燥なぼんくらなどがある。

病的な冷たさ、これは精神分裂病〔統合失調症〕に特有である。一目でそうわかるような冷たい顔をしている。深い愛、喜び、悲しみは彼らにはない。何かの熱情は持っていても、それは人に対するものでなく、それは己に対する、あるいは観念的なものに対するものである。冷たさと温かさというものが体の形に、また素質的な精神病につながっているものとすれば、このような心の性質はおそらく生まれつきの、素質的なものなのであろう。病的の冷たさがいちじるしくなると外部のことには全く無関心となる。親が死のうと戦争が起ころうと全く平気である。その影響が直接自分に及んだときには困る。戦争で配給が減って飯の分量が減らされて腹が減ったときにはもっと食べたいと要求する。戦争だから我慢しなければならない、お前だけがたくさん食べれば、家の他の者は困ると言っても、そんなことには無関心である。ただ自分さえ腹いっぱいなら他の者が迷惑しようと少しもかまわない。

哲学者は元来冷たい人間である。抽象的な理念にのみ熱情を持って他のことは顧みない冷たい学者的な理想家である。だから太って、にこにこした、あから顔の哲学者というものはありえず、幸福な家庭生活を営む哲学者もないであろう。しかし冷たさはまた神々しさを与える。宗教家も冷たい顔をしている方が神々しい。太ってにこにこしたキリストを描こうという画家はいないであろう。

冷たい人と温かい人というと、冷たい人の方が悪いように見えるが、必ずしもそうとは限らない。冷たい政治家は非常に厳格で、悪事は許さず仮借なく罪する。その行う政治は絶対に正しいもので人民は畏怖する。社会に不正はなくなる。温かい政治家はそう厳格ではない。少しぐらい賄賂をとっても、いんちきをしても、あまりひどいものでなければ大目に見る。楽しく陽気にやって行こうではないか、少しぐらい規則から外れてもかまうまい。人民は不正を突き、諷刺し、からかってみるが、それでも別に罰を受けることもない。人民の中には、だらしがない、いんちき政治家だという者もあるが、一般的には人民の人気がある。もし冷たい政治家が己の理想と信ずるところを貫徹するときには反対者をも不正者をも殺してしまうかもしれない。そうしなければ世の中はよくならない。温かい政治家は反対者には勝手に反対させる。不正者もひどく罰することはない。しかし世の中はいつまでたっても大してよくはならない。この二種の政治のどちらがよいかということになると問題である。独裁者で神の如くに正しい人ならば前者の方がよいであろう。そうでなければ後者のようなものでないとすると、人民はとてもかなわない。

ひねくれ者

素直でなく、すねて、不平らしく、人と調和しない、あまのじゃくな、ひがんだ人というのは、人の優越に自分がかなわないので、人を不快にしてやろうという意地悪なところがある。この場合には素直であるよりもいっそう自己に損であって、すねて一生をつまらなく終わる人はいったいどんな気なのかと思われるが、しかし、もし自分が本気にやれば、ずっとうまく行ったはずであるという弁解がかくれているのである。

病的なひねくれには、ずいぶん激しいものがある。こちらへ来いと言うと向こうへ行く。向うへ行けというとこちらへ来る。飯を食えと言うと食わない。口の中へ入れてやると吐き出してしまう。しかし飯をそこへ置いて知らぬふりをしていると食べる。話をするにもひどくてらった、ものものしい態度や言葉づかいをする。桜が咲いていると言わずに桜という植物が咲いた状態で存在すると言う。このような言い方は通常生活にもよくある。お役所の文書、法律の文章などは何でもないことをひねくって表現し、それでもったいをつけようとする。神主や坊主はひねくれた妙な手つきや節まわしをして有難味をつける。生かじりの政治や哲学の学生は何でもないところに、弁証法とか実存とか、あるいはその哲学特有の種々の術語を使って、もったいぶった言いまわしをして、人から感心され自分も得意になるが、その内容は支離滅裂である。昔の高等学校の生徒は髪をぼうぼうに伸ばし、破れマントを着たり、紋付の羽織を着たりして奇妙なかっこうをしていた。これも一種のひねくれである。一般に儀式というものはひねくれたものである。むかしの小学校の勅語を読む校長先生の節まわし、卒業式に免状をもらう生徒の態度などにも奇妙にひねくったところがある。それゆえ精神病患者の奇妙にひねくった態度や書き物などは宗教的なもったいらしさを多分に含んでいるために、このような患者がありがたそうに、神の使者の如くに見えることがある。邪教の開祖、巫子などに多く精神病患者が見られるのは、ひねくれというものが何かただならぬ優れたものをかくしているように見えるからなのである。ものを素直に表現するとバカにされ、ひねって表現すると有難がられるというのは妙なことであるが、日常生活にはいくらもこのようなことがある。

ひねくれた精神病の患者は精神分裂病〔統合失調症〕に多いが、アイヌのイムという精神病にも見られる。来いと言うと行き、行けと言えば来るというような精神分裂病の患者に見られる現象がやはりあるのであるが、原始民族の中にある憑かれた人という、いっそう原始的な状態がイムであるのだから、ひねくれという状態も原始的な状態なのであろう。精神病にいちじるしく現れるのも精神病というのは高層の精神発達段階から退行して下層のものが現れるものとすれば、ひねくれは人間の心の低いところにひそんでいる下級の精神活動なのであろう。なんでもないことにさも何か大きな意味がありそうに思うというのは、前に述べた不安のときの妄想にも見られることである。

優れたひねくれ者というものもある。隠者《いんじゃ》、世捨人《よすてびと》のようなものであるが、ただ世の隅に黙っているだけのものとも限らない。この狂った妙な世の中に直接ぶつかって行っては逆に自分が滅んでしまうので、自分がそれより余計に狂った妙な行動をとって、現世を否定し、狂った妙な社会から狂った妙な人間とさげすまれることによって、自分が本当の人間であることを証明して狂った社会を皮肉る、マイナスのマイナスがプラスになるような、敗北することによって勝利を得る、敗北主義者である。

徳川時代の戯作者、今では野坂昭如さんの如き作家、新聞の寸鉄欄の投稿家、古人なら老子、荘子、寒山《かんざん》、拾得《じっとく》、在原業平《なりひら》、西行、兼好、長明、西洋ではソロー〔アメリカの思想家、随筆家〕、ギッシング〔イギリスの小説家〕などである。一休さんもそうかもしれない。こういうすね者は濁世《じょくせ》の中での清涼剤であり、こんなやりきれぬ世の中には、こういう人がいないと、自分の無力さにやりきれなくなってしまう。われわれは収賄大臣のように大悪党となって大金をもうける能力もないし、内心金を欲しいと思っても、金などなくてもいいと思っていて、そこに野坂さんみたいな人が出てくると、溜飲が下がるのである。

邪推深い人

ある出来事にそれ以上の意味がかくれているのだと思う人である。主人がおそく帰ってくると女あそびをしたのだと思う奥さん、待ち合わせの時間に遅れると相手に誠意がないと思う恋人などが、邪推深い、ひがんだ人間である。このような邪推は不安、疑いから生まれる。本当に相手を信じていれば起こるはずがない。人から始終裏切られているると邪推深くなる。

病的な場合には邪推がいちじるしくなる。邪推というのは、あるものにそのものが本来持っている以上の意味を認めるというのであるから、一種の妄想である。邪推には段階がある。うちの亭主は平生身持ちがよくない、今まで女のことで何回も実際に失敗しているという事実がある。その亭主がまたこの頃、帰りがおそくなったから女ができたらしいといえば、この邪推は邪推ではなくて正しい推理であるかもしれないが、ただ帰りがおそいというだけで確かに女関係ができたとは断言できない。この場合女ができたのだろうか、できないだろうかと疑い、できたのだったらどうしようと心配になるのは普通である。しかしできたに相違ないと断定するのは異常である。けれどもこの異常は、そういちじるしいものとはいえず、世の中にいくらもあるようなものである。

もし今までにそのような不誠実さが少しもなく信頼されていた夫が、おそく帰ったときに、その妻が疑うとしたら、これも必ずしもおかしいとはいえない。今の年になってはじめて女遊びが始まることもありうるであろう。また妻は雑誌などで身持ちの悪い夫の例を知っていれば、自分の夫もそうではないかとの疑いを起こすかもしれない。もしどこかの酒場のマッチの箱でもポケットに入っていれば証拠がかなりつかめたように思うであろう。

しかしいずれの場合にもはっきりした証拠はない。この証拠がそぶりということになると妻の方では非常にはっきりしたもののように思うし、傍《はた》の者はそぶりを証拠とするのは非常に主観的なものを含んでいるのであてにならないと思う。そぶりや目つきというものは、かなりはっきりとその人の感情をあらわすものであるが、また非常に微妙なものであって、その人のそぶりでその人の感情状態がはっきりと規定されるようなものでもなく、また観察する人の気分によって実際ありもしない感情の表現が見てとれるものなのである。人を疑いの目で見ればいくらでもそのように見える。検事や警官は人を見たら泥棒と思えという気持ちで人を見るようになりやすい。また一般の人も今まで何でもなくつき合っていた人が昔刑務所に入ったことがあるということを知ると、どおりで目つきが鋭いと、今まで何も気づかなかった目つきに特別の意味を発見するのは、今まで気づかなかったことに気づいたというより、こちらが妄想的な意味を見てとったのである。

夫はおそく帰ったのでもない、しかしその目つきから、はっきりと女ができたことがわかるとか、夫が家へ帰ってくしゃみを三つした、それで女があることがわかったというような嫉妬妄想は病的である。われわれはくしゃみにそのような意味が含まれていることを考えられないからである。このような形の邪推を病的な妄想という。これは奇妙なもので、われわれがなぜくしゃみが不身持の証拠となるのかと尋ねても、病人にはそれは二プラス二が四であるのと同様に明々白々なことで、なぜということが説明できないようなものなのであり、われわれにはこの両者の間の関係が全く求められないのである。

軽い邪推は誰にでも起こる。新しい着物を着て歩くと皆が自分の方を見ているようできまりが悪い。よく考えてみれば他の知らぬ人々は自分が新しい着物を着たのかどうかも知らず、また新しい着物を着ていても何も珍しがらないのである。てれくさいという気持ちがあると皆が見ているように思うのである。金を拾って届けないで自分のものにしていると、皆がこれを知っていて、こそこそ話をしたり、うわさをしたりするように思い、交番の前を通るときに警官がこちらを見るとひやっとする。このようなことは気の小さい人が不安を抱いているときに起こる妄想である。

ある田舎の気の小さな青年が上京した。駅の近くには田舎者をひっかける悪い男がうようよしていると聞いて、びくびくしていた。夕飯を食べに飲食店に入ったが、人相の悪い男たちが自分の方を見てひそひそ相談をしているように思った。あいつらは俺の金を取ろうとしているらしいと思った。夕飯もそこそこに店を出て歩いて行くと、どうもさっきの男がつけてくるらしい。これはたいへんだ、もしかすると殺されるかもしれない。じっとしておられなくなって走り出した。あとをつける男も走ってくるらしい。誰かが声を出した。皆が合図をしているのだ。もう夢中になって叫びながら、めちゃくちゃに走り出した。警官につかまったが、もう悪人の手に落ちたと思って、泣いたりわめいたりして逃れようと乱暴した。留置場に入れられたが、わめき、暴れてどうにもならない。病院に連れて行かれて睡眠剤の注射を受けてよく眠って覚めるとすっかり落ちついて、自分の恐れは何の根拠もないものであったことを反省でき、すっかり落ちついて故郷へ帰った。

このような破局的不安はめったにあるものではないが、不安も激しくなると、このようになることがある。こういう急性のものでなく、もう少し慢性の邪推的妄想は前に不安のところで述べた。いっそう長い間に徐々に邪推が発展して、ついに殺人事件を起こした有名な例がドイツにある。

ワーグナーという小学校の教師があった。元来敏感で不安になりやすいところと誇大的なところと両方の性質を持っており、頭はよく名誉心があったが利己的で執念深いところがあった。青春期には手淫に苦しんだ。強烈な欲望と、名誉心や教育者としての葛藤に苦しんだのである。そして他の人々が自分の欠点を知っているような気がしてひどく心配した。あるとき酒に酔ってひどい性的興奮を感じ、それを満足させるところがなかったため獣姦を行ってしまった。この行為は自分ながら容赦できないものであり、その恥と恐れは激しかったが、しかし強い自負心がそれを素直に受け入れなかった。そしてこのことが人にわかってはいはしないか、そのため刑の恥辱を受けはしないかとの不安に苦しみ、村の人から悪く言われ、迫害されると思うようになった。彼は結婚して子どもを持つようになったが、冷たい夫であり親であった。彼は、初めのうちは、自己の醜行に対し自己嫌悪に陥っていて、それが激しくなって、ワーグナー一家は絶滅させねばならないと思っていたが、また他方、村の人々も自分に悪いことをするのでけしからぬと思い、次第に人間全体を憎悪するようになった。そして自分を卑下し無価値と思うのと同時に、自負心のため、全人類から迫害される偉大な人物、キリストの如き者とも思うようになった。この間、何年もの時が過ぎ、二度も転任しているが、この妄想は消えることがなく、ただ他人に洩らさなかっただけである。しかし、どこの村へ転任しても、行く先々で以前の事件のために嘲《あざけ》られると思った。そして自分の家族は哀れなものであるし、また自分の悪い血統を引いているので民族衛生のためにも殺さなければならないと思い、さらにまた、初めにいた村の者もけしからぬから全滅させるべきであると思って詳しい計画を立てた。そして自分の如き偉大な人物には特別の法律があり、このようなことをしても罪にはならぬと思った。しかし、その実行には何年もためらった。そしてまた転任があって、そこで村の人々の話の中心になっていると思ったとき、計画を実行に移した。彼は平生は蠅一匹さえ殺せないような、血も見られないような人間であったが、妻と子ども四人とを殺し、もといた村へ行って放火し、九人を射殺し、十一人に重傷を負わせた。獣姦から殺人まで十三年も経ている。

このような極端な犯罪的行為をするものはまれであるが、もっと軽いものはいくらもある。私のいま見ている学生の中にも、そのようなのがある。

この学生は何年か前、兄と一緒に暮らしている頃、嫂《あによめ》と互いに好意を持ち、キスぐらいはしたことがあった。このことは第三者には誰にも知られず、またそれ以上発展することもなかった。大学に入り、初めのうちは元気にやっていたが、試験になりうまくいかなかった。すると同級の者があんな奴は退学すべきだと言っているように思われてきた。教授会でも自分のことを学校にはおけないと相談しているらしい。それで自分のようなものが学校にいると迷惑ではないかと教授のところをたずねてまわった。そんなバカなことはないと言われると一刻は安心するが、また不安が起こってくる。そのうちに友人たちは昔の古傷をうわさするようになった。嫂との事件などをうわさして私が道徳的にもだめな人間であると言っている。休暇で実家へ帰ると、さっそく家のまわりまで、そのうわさが伝わっている。どこへ行っても安心していられない。そのうちに人々はありもしないことを実際あったようにうわさをするようになってきた。盗みもしないのに、あいつは誰の物をごまかして取ったというようなことを言う。またいつも自分は監視されているらしい。下宿で飯がまずくて残したが、残すと下宿のおばさんに悪いと思って紙に包んで懐に入れ外に出て捨てた。すると二、三日してある先生が伊勢物語の話をして乾飯《かれひ》ほとびにけりという話をした。これはきっと誰かが私が飯を捨てたことを知っていて、その先生に通じたらしい。それでその先生は私をためすために乾飯のことを言ったのである。皆がそうやって自分を観察しており、ためしている。そのように意地悪されるなら早く退学させてもらいたい。——この学生は三年も四年もこのような苦しみをして、遂に前の家の、自分のうわさをしていると信ずる男を傷つけようとして刃物を持ち出したところを捕らえられた。

このような邪推が、なぜそのような小さな動機から起こってきたのかは不思議ではあるが、気の小さな、くよくよする人間ならば、あるいはそういうように考えることもあろうと思われる。いっそう病的になると何の動機もなしに邪推的妄想が現れる。突然人々が自分のうわさをしていることを感づく。向こうで立ち話をしている人は自分の陰口をきいているのだということを直ちに確信する。道ですれちがう人は通りすがりに自分の方に向かって妙な目つきをして、自分がバカにされていることがそれから直ちにわかる。このようなことが何の動機もなく、不安によることもなく、起こってくるのは真に病的な邪推である。精神分裂病〔統合失調症〕のときの邪推的妄想はこのような形で起こるものである。

異常な場合には邪推はよく起こるが、人が自分をよく思っている、人々に人気があるなどというようなものはごく少ない。まれにはあの人が私を愛しているにちがいないという確信を抱いて相手に手紙を出したり、追いかけまわして相手は困るというようなものもあるが、このような「幸福」な考えちがいをする者は異常者の中にも極めて少ない。人間が社会に生活しているときには、いつも互いに、悪意を持ち合い、競争し合い、自分が負けることを恐れているものなのであろうか。これが人間の本性であるのだろうか。あるいはこの社会が経済的政治的に不手際にでき上がっているために、人間はいつも不安に暮らしているためなのだろうか。われわれはどうにもならない人間の宿命的なものと考え勝ちであって、ソビエト〔現ロシア〕などで社会生活の改革によって精神異常者が著しく減ったなどと言われると、それは宣伝ではないかと思うのであるが、案外われわれが古くさい因襲にとらわれて考え方の方向転換ができないでいるのかもしれない。しかし、このようなことは他人の報告でなくて自分の目で見なければ何ともいえないことであるし、また一つの見方に慣れると他の見方ができなくなることが多いので、真実のことをすなおに受け取るということはむずかしいものである。

くどい人

経済的に簡単に考えをまとめて話したり行ったりできない人は、頭が悪いようであるが、必ずしもそうとは限らない。ていねいに凡帳面に、こまかいところまでくわしく話をしないと、気のすまない人がある。これは結構なことであるが、簡単にすむことを、しつこく、長たらしく話されると、相手はかなわない。しかし、くどくしつこいのよりも、あっさりと簡単な方がよいとも限らない。むずかしい仕事はくどくしつこく追及する方が成功するものである。あっさりと見切りをつけてしまうと、新しい仕事は、たいていはやっても無駄のように見えて進歩がない。

東洋の芸術と西洋の芸術とをくらべると、一方はあっさりしており、一方はくどい。一筆書きの墨絵とこってりした油絵といった相違がある。俳句は十七字であるのにドストエフスキーの小説に出てくる人は一気に二ページも三ページも話をしている。「採菊東籬下、悠然見南山」〔きくをとる　とうりのもと、ゆうぜんとして　なんざんをみる〕という陶淵明にはボヴァリー夫人の悩みは全くわからないであろう。しかしこのような、あっさりした風流の世界は、うるさい人間社会からの卑怯な逃避かもしれない。どこまでもうるさい人間の悩みと取り組んで、しつこくやっていく方が人間らしく、風流の世界は水や石の無生物の世界かもしれない。

病的なくどさ、しつこさは、てんかんの場合にいちじるしい。話をするにも目標に一直線に進んでいかず、その途中の一つ一つの事柄をくわしく説明していくので、話がひどく長くかかる。東京から京都へ行くのに急行で行かずに一つ一つの駅に止まって行き、時には途中下車して町を見物したり、支線の景色を眺めて行くようなものであるが、途中で飽きることはなく、どこまでもこの調子で京都にたどりつくのである。このような話し方は老人や田舎のお婆さんなどにも見られる。

あなたの家へはどう行くのですか――この道をずっと行きますとね、いくつも横町があるのですが、その中で最初の横町を右へ曲がるのですよ。それより先へ行ったり、左へ曲がってはいけません。もし左へ曲がると原になってしまって家がありませんから、引き返して右の方へ行かなければいけません。その曲がり角の家はそば屋で、その向かい側は文房具屋ですから、すぐわかります。もし右へも左へも曲がらないでまっすぐ行くと、もっと賑やかになって、いろいろな店があり映画館もあります。でも場末ですから大したものはやっていません。古い日本物とか、今は何をやっていましたかしらん、国定忠治か何かをやっています。ここまで来ては行き過ぎですから戻って、さっきのそば屋のところを曲がって、その隣はあんま師さんで格子のある二階建てで、揉療治《もみりょうじ》という札がかけてあります。昼間は家にいますが夜は商売に出て歩きます。その隣りに小さな門構えの家が三軒あって、初めの家は鈴木さんというお勤め人で、どこかの会社に勤めておいでの方で、その次は並木さんで、ずっと前から門が半分こわれていてまだ直してありません。その次が私の家で、そば屋から数《かぞ》えて、あんま師さん、鈴木さん、並木さんと、四軒目になりますからすぐわかります。もしおわかりにならなかったら、そば屋ででも、あんま師さんの家ででも、お尋ねになればすぐ教えてくれます。私も、そば屋も、あんま師さんも、ずっと長くそこで住んでいますから、わからないということはありません。

このようなくどい、ねちこい人は、話を聞く方で参ってしまうが、しかし根気よく発明や発見に没頭する科学者にも通ずるところがある。薬を五百も千も作って、それからその一つ一つを動物を病気にかからせてはためしていき、ついに八百番目によい薬を発見したなどというのは、いかにしつこい、くどいことであろうか。監獄にぶちこまれては何年か後にまた出て再建を図り、またぶちこまれ、また再建を図り、ついに成功する政治の主義者は、いかにしつこい、くどいものであろうか。しかしこのような人がいなければ、たいしたことは何もできないのである。

082

勘の人

よく考えることもなく、一目で直観的に本当のことがわかり、自分ではなぜわかるのかわからないが、そのわかったことは真実であるのが勘がよいということである。勘は多くは慣れか練習の結果である。そして科学的に考え発表することの能力が少ないために、なぜ自分がそういうようにうまくいくのか分析することもできずにいることが多いのであるが、学問においてもその微細な実行まで客観的な知識とすることはむずかしいので、この世界でも勘は非常にものをいう。

一目惚れというのも、勘で相手の奥深い心の底までわかってしまうことであるが、この場合には真実のことがわかるのかということになると怪しい。一目で相手の人物を見抜くことを得意とする人があるが、これも絶対的なものではなく、一種の妄想であることが多い。このようなものは一種の感情移入であろう。すなわち自分の感情が相手の中に投入されて相手の中にそのような感情があるとされる現象なのであろう。たとえば鶏の雛を飼っていると、人が歩けば雛は人を追いかけて行く。その人は雛が自分になついて、後を慕ってくるのだと思う。雛に対して愛情を持っていると、雛の行動にそのような感情的意味を見て取るのである。しかし雛は本能的に大きな動くものの後を追うのであって、これは親鶏からはぐれぬような自然の仕掛けの妙味であるのだが、大きな紙屑を動かしてもついてくるし、猫が歩いて行っても、その後を追って行って食われてしまうのである。人間の男女間の一目惚れにもこのようなところがありはしないか。自分が相手を好きなら相手も自分を好きと思い、一目で理想的な配偶者であることを悟るのである。

一目でわかるということには感情的な要素が多い。好きとか嫌いとか、美しいとか醜いとかいうことは、なぜかということがわからず、ただ何とはなしにそのように思えるのである。線の上に点を取るときも黄金分割の如く取るのが具合よく感じられ、幾何学模様でも不正四角形が並ぶより正四角形が並ぶ方が美しく、十七角形より円の方が美しい。

病的な場合には勘がよすぎて、その人間にとっては種々の物に特別の意味が含まれているのがひしひしと迫ってくるように一目でわかる。あれは刑事だ、あれは兵士だ、あれは自分のことを思っている人だということが、全くの他人で通常服を着ている人を見て直ちにわかり、全く疑いをいれない。これはシャーロック・ホームズがちょっと気づかない特徴を見いだして推理的に全体的なことを知るのとは全く別である。ホームズは訪問客が玄関先に落とした泥から、あなたは今郵便局へ行ってきましたねと言う。郵便局の前の道路工事で土が掘りかえしてあることを知っているのであるが、普通の人はこれに気がつかないので不思議に思う。病人の場合には、あの人は私を皆が誹謗していることのあてつけに泥を落としていったと思う。玄関が汚れることは即ち自分が汚されることだということを直ちに知ってしまう。あるいは新聞広告のどこかの店の電話番号が一五六四と出ていると、私が人殺しであるということが新聞に出ているのだということがわかる。それは語呂合わせではないか、何の意味もないではないか、と言っても、病人は自分の信念を変えることはない。このようなことは日常生活にもよくある。病院には四号室と十三号室はない。顔を剃《そ》るのをあたるという。蘆《あし》は葭《よし》という。玄関にしめ縄が張ってあったり塩がまいてあったりすると清潔な感じがする。

インスピレーションも勘である。発明家の天来の妙案というものが自分で考えようともしないのに授かるという場合は、始終そのようなことを苦労して考えていると、よく意識しないでいながら、考えがまとまるのかもしれない。それゆえ理論物理学者が突然うまい理論をインスピレーションとして考えつくことはあっても、この人が結核の新薬を思いつくことはあるまい。しかしインスピレーションの中には絶えざる練習あるいは勉強の結果、無意識的に考えが熟するというもの以外に、もっと生理的なものがあるのではなかろうか。

人の脳は絶えざる発達の状態にある。赤ん坊を立って歩かせようとしてもだめである。時が来て脳が発達すると、ひとりでに立つようになる。そうなる前はいくら練習させてもだめである。小学生に人間の存在とは何かというようなことに興味を持たせようとしてもだめである。それは基礎がないからといえるかもしれない。小学校から中学校でいろいろのことを習って、それが熟して高等学校を出る頃になると、そういうことを考えるようになるものだといえるかもしれないが、脳の発達がそのくらいになるからだという方が確からしい。われわれが何かを考えているときには脳の中で何が起こっているのかはわからない。しかし脳が多くの細胞とその間を結ぶ繊維とから成っているとすれば、こういうものが全体として働いているということが想像される。そうするとトランジスターの素子と配線のようなものかもしれない。そのときどこか別の配線をすると妙な音が出たりするように、脳の中のいろいろの繊維のどこかが急に通りがよくなると新しい思いつきが生まれるのかもしれない。それゆえ、われわれが眠っているうちに神経の繊維がうまく通うようになって、朝起きてみたらよい考えが現れたということもあるかもしれない。しかし、われわれが意志的に考えを進めていくことが繊維のつながり方を変えることなのかどうかはわからない。われわれの意志で脳という物質の中の繊維の通りがよくなったり悪くなったりというのも妙なものであるし、また物質的な変化が先であるとすると、突然配線がちがってくると、われわれはどんなことをするのか予想がつかないことになる。親友を突然殺すかもしれない。精神現象は物質の最高発達段階の活動の状態であって、人間がうまく目的にかなうように考えられるように働いているのであるとはいっても、精神現象の場合は脳物質の中で何が起こっているのかはわからない。

うそつき

うそというのは、自分で誤りであることを知りながら、真実であるように発表して、他人にその真実性を信じさせることである。うそをつくのはよくないことである。しかしうそをつかねばならぬこともある。うそをつくことが価値が高いこともある。ジャン・ヴァルジャン〔ユゴーの小説『レ・ミゼラブル』の主人公〕をかくまった僧侶がうそをついても、警官はけしからんと言うかもしれないが、多くの人は徳とするであろう。医者もうそをつかねばならないことがある。患者に対してあなたはもう不治の癌だから統計的にいうとあと三ヵ月しか生きられないと、真実のことを言うのは人道に反することである〔現代では必ずしもそうとはいえない〕。

自己のことについてうそをついて人をだまし、本当の自分よりもちがったものだと信じられることによって満足するうそつきがある。虚栄を張る人である。自分の実家には五つも蔵があるとか、何々という名士と親しくしているとか、会社では非常に信用されているなどとうそをついて、相手から本当にそうであると思われれば満足し得意になる。代議士選挙のときの演説とか広告文を見ると、たいていはこのようなものである。自分を大きく見せよう、人から感心されようとして大げさにいつわって自己を見せびらかすのである。このようなうそでも日常生活にある罪のないものはそう悪いものでもない。女性がパーマをかけ、口紅をつけ、ニュー・スタイルの洋装で歩くのも、本当の自分を現しているのではなく、物質でごまかして美人に見せて、人から称讃され、ねたまれ、とにかく人の目について人に問題にされて満足するという傾向の現れである。しかし、本当の自分を現そうとして身も飾らず、化粧もしなかったら人生はずいぶん殺風景になるであろう。

うそをつくのは、必ずしも真の自分より高いものに見せかける場合とは限らず、低く見せて人の同情を引こうとするのもある。試験に落ちると、自分は病気であったのだ、体が悪いのだと体を劣ったものにして同情を引く。姑と嫁が仲が悪いと、嫁は川に飛び込んで死ぬまねをして同情を引き、間接に姑の評判を悪くしてやる。

うそをついていると自分が本当にうそ通りの人間であるように自分に思われてくることがある。芝居の役者をやっていると、悲しい役をやっていれば本当に悲しくなって涙が出てくるものである。代議士も大きなことばかり言っていると本当に自分は偉い者と思われてくる。傍から見ればバカバカしいが、当人は得意なのである。人生を舞台とする人である。深く反省してみると自分ながら恥ずかしいであろう。しかしうそつきは反省しない。それだから舞台の上で生きられるのである。

うそつきもひどくなると詐欺師となる。これは感情の方面は別としても、知的には優れているのであろう。病的なぺてん師というのは自己の物質的な利益を図るよりも自己を大きく見せかけて得意になるという方面がはっきりと現れている場合である。たいして学問もないのに大学者だと言って田舎の学校を講演してまわり、謝礼も充分もらい、しばらくはぼろを出さないが、ついに尻尾を出してしまうというのが昔はよくあった。もしぼろを出さなかったら、本当の大学者ではないにしても、かなりの知的能力を持っていることになり、そのような人も時にはある。代議士などの中にはかなりこういうような人があろう。しかし代議士になって大きなうそをついて得意になっているのは、そのような得意さが目的でなく、陰でうまい金もうけができるからなのならば、代議士はわれわれより世渡りのうまい知恵者である。

病的なうそつきには、このような景気のよいものは少なくて、もっと哀れな、その人間の存在を保つための悲しい努力といったものが多い。蝶《ちょう》とか蜘蛛《くも》のような心のない虫けらでも自然にうそをつきながら生命を保っている。蝶の中には保護色で自分を木の葉であると見せかけて、その存在を保つものがある。蜘蛛は死んだふりをして敵から逃れる。もちろん蜘蛛は、とてもかなわない大きな奴が来たから死んだまねをしてやれと思って死んだふりをするのではなく、自然にそうなるようにできているのである。人間は意図してうそをついて他人をごまかすのであるが、人間でも自然に、体がうそをついてくれるとしかいえないことがよくある。試験のときに勉強をしてない。きっと落第するであろう。何か口実はないかしらん。病気にでもなればうまい口実ができるのだがと思っていると、うまい具合に頭が痛くなってくる。すると本人も本当に病気になってくれてしめたと思う。さらにいちじるしくなると、勉強ができなくて困ったと思うだけで、病気になりたいと意識的に希望しなくても、自然にひとりでに頭が痛くなってくる。当人は本当に病気が起こったと思い、体が自然にうそをついてくれたとは思わない。しかしこの場合起こる病気というのは神経機能の故障というだけで、顕微鏡的な形態変化、たとえば癌とか、炎症とか、細胞の死滅などが起こることはないのであって、必ず治る如きものなのである。それでも心配や病気になっていたいという希望が続くと、いつまでも機能の故障はよくならないこともあり、また故障が癖になって、もう病気になっている必要がなくなっても、いつまでもよくならず、当人も本当に病気になってしまったと思っているようになる。

学校で生徒が運動中に転び、腕を打って痛い。腕が利かなくなったのではないかと思うと、本当に動かせない。友だちや先生が来て大さわぎする。当人もびっくりする。そして平生あまり人気のない自分が皆の関心の中心になり、自分をちやほやしてくれることを得意に思う。もしかしたら腕が動かないので宿題をしなくてもいいかもしれない。そうすると腕はますます動かなくなる。医者が見ると神経も筋肉も骨も何ともない。体がうまくうそをついてくれたのである。本人も本当に病気になったと思う。そしてそれがいつまでも治らないと、今度は自分の病気は治らないのではないかと心配になる。すると、ますます病気は悪くなる。体中が痛くなったり、足まで動かなくなったり、胸が苦しくなったり、息がとまりそうになったりする。あるいは体だけでなくて気までおかしくなる。気が遠くなってけいれんを起こしたり、泣きわめいたり、うわごとを言ったりする。このようなときに輾転反側《てんてんはんそく》するのでベッドから転がり落ちて負傷でもするだろうという心配を傍《はた》の者はするが、当人は決して落ちない。落ちてぶつけたら痛そうだからということを本人は意識はしないが、体が知っているからである。あっ落ちそうだと思うと、また逆に転がって落ちない。

戦場の兵隊でも同様のうそを体がついて生命を保護してくれる。兵隊はお国のためだとかり出されて、もし本気でそう思ったとしても、それは意識されたものの中だけであって、心の底の底では死にたくない。前戦に出て弾丸《たま》が飛んでくる。進めば弾丸に当たって死ぬであろう。退けば上官に斬り殺されないにしても辱しめを受けるだろう。病気にでもなれば一番よい口実になると思う人もあろうが、そう思わなくても体がうそをついて病気になってくれる。気が遠くなって倒れてしまったり、耳が聞こえなくなったりする。もしこのとき負傷していればその症状を体が利用してくれる。頭にかすり傷があれば頭痛がし、けいれんが起こり、忘れっぽくなり、気がおかしくなる。腕にちょっとした傷があると、神経痛が起こったり麻痺が起こったりする。そうすると負傷兵として病院に入れる。それでも治らない。送りかえされて内地の病院に入り、ついに除隊となり家に帰ると治ってしまう。この場合は自分でも病気であり、またそれが治ったと思うのだが、実は体がうそをついて生命を全うさせてくれたのである。このような場合、もし目が不自由になったとしたら、にわかに不自由になったので実際たよりなげに歩くが、溝があっても落ちない。本人の意識では知らないが、体は落ちたら痛いと知っているのである。これは仮病ではない。仮病のときには自分で実際は見えるのだが、目が不自由なふりをして芝居をしているのだと意識している。病的な場合には本人も実際見えないと思っている。精神では目が不自由であり、体では見えている。

負傷兵として除隊になるときに恩給がもらえるかどうかは大問題である。たくさんもらえれば一生寝て暮らせる。どうも恩給が少なくて不服だとか、治ればもらえなくなると思うと、家へ帰っても治らない。そして自分の病気が治らぬ苦情ばかり言って、決してちゃんと働こうとはしない。恩給の交渉に行くときは元気で行ってくるのに、仕事に通うとすぐ疲れて歩けなくなる。しかしこれも仮病ではなく、心の底の底に願望があると体がうまくうそをついてくれるのである。これを長く続けていると体に癖ができてしまって、希望がいれられても、また希望が全くいれられる見込みがなくなって病気になっていることが無意味になっても、病気は治らなくなる。

このような体のうそつきの現象をヒステリーとか神経症という。この軽いものはいくらも世間に見られる。肩が凝ったり、心臓がどきどきしたり、腰が冷えたりして、いつも病気でくよくよしているお嫁さんは姑と仲が悪いからであって、姑と別居したり、姑が死んだりすると治ってしまう。

夢見る人

本当は現実の外界に存在しない、心に思い浮かんだことであるが、それが現実の外界に存在すると思う。われわれが夢を見ているときには、夢の世界が本当にあって、われわれはその世界にいるのであり、夢であって現実ではないということは意識していない。

夢の程度の軽いもの、白日夢、空想という場合には、心に非現実的なものを思い浮かべているだけである。心は空想の世界に遊んでいるが、この世界は現実に実在するものではないことは知っている。少年から青年に移る頃は、この空想の世界が非常に魅力があるし、お伽噺や神話の中では原始的な空想が織り出されている。子どもは学校へ行って面白くない先生の話を聞いているときには、心の中で、王子様になって魔物を退治したり、アフリカの探検に行ったりしている。青年になると寝床の中へ入ってから美しい乙女と遊ぶような空想を描く。

このような空想の場合には、心の世界で活動している人間や光景は心の目で見ている。

実際にある外界の中に現れるものではない。また出てくる動物や乙女にしても、ありありと見ようとしても細かいところはわからない。よく見ようとするとかえって消えてしまい、ひとりでに心のおもむくままに任せていると活動が心に見えてくる。しかし時には実物を見るくらいに細かい所まではっきりわかり、色まであざやかに見えることもある。これでも心の中の出来事であることにはまちがいない。時には外界のものが錯覚されて特別なものに見えることもあるが、それでも実際にそのようなものがいるとは思わない。春のうららかな日に草の中に寝そべって空に浮かぶ雲を見ていると、怪獣になったり、地図になったり、大入道になったりする。これも空想的な錯覚である。

心の中で活動している空想の世界は、異常の場合には、心でなく外の世界に実際にあるように思われる。寝ぎわにその日に経験した光景が肉眼の前に現れたり、人の声が聞こえたりすることがある。酒に酔ったときや薬（モルヒネ、コカイン、覚醒剤、マリファナ、シンナー）に中毒したりしたときにも、このようなことがいちじるしく現れる。眠ってから現れるときには意識状態の変化を起こしているのであるから、このときには実際の外界は認められず、夢の中の幻想の世界にだけ生活しているのである。夢の世界ではこれは夢であるとは知らず、奇妙なこともそのまま自然に受け入れられている。しかしまた今私の生活している世界が夢でないということを証明することはできない。今の私は覚めてみれば全くちがった者であって、今の状態は夢を見ているのかもしれないのである。

　夢を見ているときは必ずしも静かに眠っているとはかぎらず、ある人は寝言を言い、ある人は寝ぼけて歩き出したりする。このような状態は病気や中毒のときの意識の濁った場合にいちじるしい。重い伝染病に罹《かか》ってうわごとを言ったり、酒に酔って知らないでいるうちに乱暴したりするのは寝言や寝ぼけに似ている。こういう場合には外の世界は全く認められないのではなく、ある程度わかってはいるが、間違って意味を取られており、自分のそばにいる家人は夢の世界の中で自分を迫害する敵であると、夢と現実をごちゃまぜにして、その家人に乱暴したりするのである。

　現実の自己というのは過去の歴史を背負っていることを意識し、外界を正しく認識し、それに対応して正しい行動をしているのであるが、一見このように見えて実はそうでないことがある。今までそうであった人が突然意識状態の変化を起こす。しかし外から見て直ちにはわからない。その人は自分の隣に寝ている友人を見る。しかしその人の心の中では今自分は敵に追われており、隣にいる友人はその敵なのである。自分はこの敵を殺してしまわなければ自分の方が殺されてしまうと思っている。机の上を見ると実際にナイフがある。そのナイフを取ってその友人を殺す。それから逃げなければならない。

引き出しの中の金を持って駅へ行って切符を買い列車に乗る。傍から見ていると普通の旅客である。もし話しかけたならば話はとんちんかんであるか、あるいはあまり話もしないであろう。列車の中で名前でも尋ねられ、何の職業かを問われたら困惑して何も思い出せないであろう。しかし、そんなこともなく行先の駅に降りる。そして急に意識状態はもとに戻る。おや、自分はどこにいるのだろう、たしか友人と一緒に寝ていたはずだ。東京にいたはずなのに駅には名古屋と書いてある。不思議だ、いつのまにここへ来たのだろう。

東京の家では友人が殺されているので警察でさっそく手配し、本人はまもなく名古屋で逮捕される。自分は友人を殺したことは全く知らない。気がついたら名古屋にいるのだ。第一、友人を殺すような動機は何もない。しかしナイフに残る指紋は全くこの犯人のものである。このようなことが実際にしばしばあったら恐ろしいことである。映画で精神異常者が出てくると、たいていはこのようなものである。そこへ精神分析の大家が出てきて記憶を呼び起こすことに成功し、この友人に対して今は忘れられているが古い憎しみのあったことを探し出して、この犯行の原因がわかった。しかし犯罪は二重人格の精神病者のやったことだから罰せられないという結末になる。

この話で精神分析の大家が出てくるより前までのことは、ごくまれであるが見られる。

もっと軽いもの、たとえば寝ていて、急にむっくり起き上って外に出て屋根の上を歩いて、また部屋に帰り眠ってしまい、翌朝、家人にゆうべはどうしたのだ、こんなことをしたではないかと言われて、全くそんなことは思い出せず、からかわれているのではないかと思うが、実際手足に負傷していたり、汚れていたりするので、そんなことをしたのかなといぶかるという如きものはある。

このような妙な夢の状態はてんかんの人に起こりやすい。映画に出てくるように何かの精神的ショックからこのようになることはめったにないものである。しかし小説や映画ではこのような形の異常性でないと面白くない。われわれが実際にこんな例にぶつかったことはない。たいていは古い心理学書、ジェームズ〔アメリカの心理学者、哲学者〕とかリップス〔ドイツの哲学者、心理学者〕のものなどに書いてあるので、そんなこともあるのかと思うくらいのものである。

意識状態の変化がほとんどなくて、すなわち現実の外界を正しく認識し、それに対応して正しく行動していながら、それと並んで夢の世界を持っているものは幻覚といわれる。すなわち傍《はた》の者が見ては外界にそのようなものがあるとは認められないのに、人の姿が見え、声が聞こえるのである。これは空想のように心の眼で見、心の耳で聞くのでなく、現実の外界にあるとして見られ、聞かれるのである。夢の場合、意識状態の変化のある場合には見える夢が主であるが、幻覚の場合には聞こえる声が主である。時には神のお告げの声が聞こえる。ジャンヌ・ダルクは神のお告げを聞いたのであった。多くの新興宗教の教祖は神のお告げが聞こえてくる精神病患者である。

聞こえるというのはいったいどんなことであろうか。われわれは聞こえるというと耳に響いてくると判断するが、実際は外界のあるところに声が発生していることを知るというのが真の声の体験である。幻覚の場合にも、もちろんこういうことはある。すなわち普通の人が聞こえるのと同じく感ずる。しかし多くの場合には、この聞こえるという感じはちがう。聞こえるには聞こえるのだが、声が頭の中に入ってくる。腹の中に聞こえる、背筋につたわってくる、喉のところでしゃべっているのがわかるのであり、空から、あの世から、アメリカから、囁きが聞こえてきたり、電波で頭にひびいてくるのである。聞こえる内容も音楽のメロディーやおもしろい話が聞こえるということはなく、多くは短い文句で、おやと思うと消えてしまうようなものである。空想的な思い浮かべと同じようによく見つめようとするとわからなくなってしまうものである。声が聞こえてくるというから何と聞こえてくるのだと尋ねると、私の悪口を言っているという。それでは何と悪口を言っているのだ、バカと言うのか、アホウと言うのかと尋ねても、それはわからない。声が聞こえるのでなく意味が思い浮かぶに過ぎないと傍《はた》からは思えるのに、それは思い浮んだ意味でなく、聞こえる声なのである。

聞こえる内容は多くは自分に都合の悪いことである。うわさ、それも悪いうわさ、悪口、命令などが聞こえてくる。命令も困る命令が多く、あの男を殺せなどというのがある。それは非常に圧倒的で、その命令にしたがって殺してしまうこともある。人間というものは哀れなもので、喜びより悲しみが多く、愉快より憂鬱が多く、妄想は多くは被害的であり、幻覚は多くは悪口である。病気になってもこのように都合の悪いことが起こりやすいのである。

幻覚というのは、正常ならば心の中の思い浮かべであるべきものが外界に飛び出して、外から声が聞こえてくるように思われるのである。人は精神の発達段階が下がると、心の中のことが外から入ってくるもののように思われるようになるものなのである。

幻覚で奇妙なのは体の感じの幻覚である。普通の人の体の感じというのは、頭が重い、肩が凝る、腰が冷える、背中がむずむずするとか、性的快感の如きものであるが、体の感じの幻覚の場合には、普通には感じられないようなものがありありとわかる。頭の中に泥がつまっている、血が流れるのを感ずる、腹の中に虫が七匹入って話をしている、狐が入り込んでいる、私の代わりに体の中の狐が話をする、子宮の中に虫が入る、相手なしに性交させられるというような、妙な感じの幻覚が非常に多く見られる。

哲学者

哲学者が変わり者であるというのでなくて、変わり者の中には哲学者の考えるようなことを考える者があるというのである。私の外の世界は実際に存在するのかどうか、私自身は実際に存在するのかどうかというようなことを問題とする。普通の人はこのようなことは問題とせずに一生を送るであろう。多くの人は青年時代にこのようなことを問題とする哲学者があることを知る。そして、こんな根本的な問題もあるのかと思う。一時は深刻に考える。俺は実在するのか、現実は夢ではないのか。しかし三十歳ぐらいにもなると、もうこんなことを考えず、いかにして地位を得、金をもうけ、名誉が得られるか、ということを大問題にするようになる。自己の存在、世界の存在を、ひしひしと身にしみて感ずることは、おそらくないであろう。偉い哲学者が問題にしているから、それを問題にしないと頭が悪いように思われるので、友人の前ではそのような議論をしようという者が多い。

けれども異常者の中にこそ、このような実在の問題に悩む者がある。田舎の、哲学の本など読んだこともない、中学を出ただけの娘が、突然外界のものが実在すると感ぜられず、自己の実在性も消失してしまったように感じられるようになって、ひどく苦しむ。外界のものと自己とのつながりが断たれて一人ぼっちになった。外界のものは実在しないように見える。絵であって本物でない。生き生きとしたところがなくなって死んでいる。人の話すこともわからない。こう言いながら、この病人は何でもはっきり知覚はしているのである。また自分自身についても、自己の存在が感じられぬ、自分は死んで空っぽである、考えられず、感情もなくなってしまった、死骸である、ロボットである、木の棒にすぎない、などと述べる。

私には声がなくなってしまいました。何を話してよいかわかりません。ただ空気の中にいるだけです。人の言っていることが何も理解できません。結婚する前には、ともかく自分のような者は結婚すればよいと思いました。愛情が欲しかったのです。しかし急に結婚話がまとまり、夫のそばにいるようになると、夫は木の棒のように感じられ、自分は姿だけがただ横にいるに過ぎないとしか感じられません。自分の姿だけなのです。どこにいてもただ雰囲気の中に、黙ってときどき話を合わす自分だけなのです。私は姿だけで、バカで、何も考えられません。私には声がなく、動作がなく、表情がなく、ただ人の顔と動いている体だけなのです。長く話をしていると自分の声が消え、体もなくなって、全くの空っぽになってしまいます。相手は絵のように浮いて、平面的になり、体の奥行きも心の奥行きもなくなってしまいます。私は頭が空っぽで、考えようとしても空気と同じで何も考えられないのです。何も思い出せません。自分で動いているのかどうか、生きているのかどうかもわかりません。相手も機械のようにただ動いているだけです。すべてが直線的で何の感情もありません。食事のときもただ食べるだけで何のうるおいもありません。二つの直線の間に食物を持って行くだけなのです。もう何も考えられない、死んでしまったのです。人間は考えるから生きているのですのに。

この病人は傍《はた》から見れば、正しく認識し正しく判断しているが、自分では全くそれが感じられない。ただこの状態を苦しむという感情のみがある。二十歳の、結婚したての、まだ娘のような人間が「人間は考えるから生きているのですのに」と、デカルトと同じことを言うのである。

世界の存在が突然終わることを感ずる病人もある。

突然あたりの様子が変わった。空は暗澹《あんたん》としてきた。吹く風の音もただならぬ感じがする。人々はあわただしく何かありげに歩いている。犬でさえも妙によたよたと走って行く。日の光はもう太陽が死滅するように弱くなった。そうだ、世界の最後の時が来たのだ。地球も、太陽も、宇宙全体の終わりが来たのだ。

人間はいくら束縛されても、考え行動する自由は持っているものである。もし行動がひどく制限を受けるような、自由のない状態にあっても、みずから考え、みずから欲求するということは、他人から制限を受けない。たとえそれを外に発表することは禁ぜられているにしても。しかし病人は、このような精神の自由までも失ったと感ずる。自分が考えるのではない、他の力によって考えさせられるのであると感ずる。あるいは他の力で他人の考えが頭の中に無理に押し込まれる。逆に自分で考えていると他の力で考えが奪われて頭から引き抜かれてしまう。

引力は同時に相対的であるという考えが心に入ってきた。入ったというより人の考えを私に考えさせたのです。いったい何のことなのでしょうか。何かすばらしい考えのようでもある。ニュートンとかアインシュタインとか、そういう人の考えが自分に考えさせられるのです。

＊

夜ふと目がさめると、隣に寝ている弟を殺さなければならないという外から来た強い力に抵抗できなくなりました。私は何も弟を殺そうなんて少しも思ったのではありません。何の怨みもないし、それどころか非常に仲がよかったのです。そして自分でしようとしないで、まるで操り人形のように私の手をその他からの力に動かされて机からナイフを出して突きました。私が自分の気持ちでやったのではなく、外の強い力に動かされてやったのです。

通常の人でもインスピレーションやうまい思いつきは神から授けられたように頭の中に湧いてくる。しかし病人のように本当に外から飛び込んできた、自分以外の強い力で考えさせられた、考えを作られたとは感じない。熱心な信者が自分の言い行うことは何事も神の御旨のままであるというのともちがう。神の恩恵によってこのようなよい考えを私が思いついたというのではない。

人間はさらに一人であって二人ではないと感じている。自分が二人であったらおかしなことだ。双生児でも自分が二人あるとは思うまい。しかし一人の人間が二人であると感ずる場合はいろいろある。普通の人でも自分の心によい心と悪い心があって相争うと感ずることがある。ジキル博士とハイド氏はこれの象徴である。また自分が話をしているときにその自分を観察している自分があると感ずることがある。これも自分が二つの人間に分かれていることになる。病的な場合は自分の中に二つの人格があるということを感じる。これは欲望と良心が相争うというのとはちがう。ジキルとハイドが、いずれも同じ自己であって、それが自分の心の中に両方ともいて相争うと感ずる如き場合である。また妙な場合には自分の体が二つになったと感じられることがある。

自分から離れたところにもう一つ自分があって、自分の動く通りに動き、考える通りに考える。これと反対に自分が半分になり、あとの半分は他人であると感ずることもある。自分の考えだけが外に出てしまって、自分は自分の頭の後方一メートルのところで考えるという病人がある。自分と同じものが見えるというのは気味の悪いことであろう。有名なのはゲーテの『詩と真実』にあるゲーテ自身の経験である。

このような衝動と物狂おしさにとらえられて、私はもう一度フリードリーケ〔フリードリッヒ〕を見ずにはいられなかった。もう忘れ果ててしまった私の悩み多い日の思い出だ。私が馬の上から彼女に手をさしのべたとき、彼女の眼は涙で一ぱいになり、私は息づまるような胸苦しさを感じた。それから私はドルーゼンハイムへ向かう小路にかかったが、そこで何ともいえない胸さわぎにおそわれた。そのとき私は肉眼ではない心の眼で自分自身の姿を見た。向こうから同じ道を馬に乗ってくる自分の姿だ。しかも今まで着たことのないような、うすい灰色に少し金のまじった着物を着た自分の姿を見た。この夢から覚めたとたんに、その姿はもう全く消え去っていた。奇妙にもそれから八年の後、そのとき夢に見たのと同じ着物を、故意に選んだのではなく全く偶然に着て、フリードリーケ〔フリードリッヒ〕を再びたずねようと、私はかつての路を歩いていた。この驚くべき幻影は別れの瞬間にいくらか落ち着きを与えてくれた。あの輝かしいエルザスの地を、そこでかち得たものと共に永久に見すてなければならないという心の痛みはこれでやわらぎ、別れの心痛をのがれて、かなり平穏な、快い旅を続けることができた。

モーパッサンもその晩年に自分を見た。ある晩、自宅へ帰って部屋の扉を開けると人が座っている。誰かと思ってよく見たらそれは自分であったのだ、ということを書いている。病人ではまた自己の中のもう一人の自己と会話ができる者がある。このもう一人の自己は他人、狐、神であることがあるが、このときは憑《つ》きものといわれる。

自他の区別ということも普通の人では問題にはならない。自分と彼とは一心同体であるといっても、利益や愛情や主義を一つにするだけのことである。病的な場合には、一心同体である人が打たれると自分も本当に痛みを感ずる。自分の考えたことはそのまま相手にわかっていると感ずる。普通の人では沈潜状態のときには自己が対象の中に溶け込む。音楽を聴いていると自己は音楽の中に溶け込み、自己がメロディーかメロディーが自己かという状態になる。修行者が心をひそめると、自己は飛ぶ鳥の中に溶け込み、鳥の飢えを飢え、鳥の死を死に、鳥の腐敗を自己に感ずる。

時間的に自己がある時からちがった自分となったと感ずることは、宗教体験で回心の前と後との自己を全く異なったものと感ずるのがそうである。しかし全く異なった人間になったとは感じない。昔と変わった性質を得たというだけである。病的な場合にはある時から全くちがう人間になったと感ずるのである。前の自分は全くなくなり、新しい自分が生まれたと感ずる。もし人間が生まれ変わるもので、前世の自己を知っているならそう感ずるであろうようなものである。同一人間がある時間の間だけちがった人格の人間となり、また元にもどったときに、ちがった人格の人間の間のことは全く知らないということもある。aという人格の時期とbという人格の時期とが交代にあって、ａｂａｂという如く連続するが、aとbは相互に知らない。これは二重人格ともいわれるが、前項の夢見る人の中に述べた例である。このように自己というものの意識の異常を見ると、われわれが頼りうるものの最後のものとして残るところの自己というものも何と頼りのないものであろうか。

逆に、他人が二人になったというのもある。自分の親しい友人に会うと、これは本物のその友人でなく、その友人とよく似た偽物《にせもの》であって、本物は別にいると思うのである。あるいは、何人もの人に会うと、本当は一人の人で、いろいろに変装して他人のように見せかけているのだと思う。このように、一人の他人が二人になったり、何人もの他人が一人になったりすることもある。一即多、多即一みたいなものである。

ある七歳の少年の精神病のときの経験。お母さんは偽物で本当のお母さんそっくりだが、本物は別にいるのだ。また、お母さんがいろいろな人に化けてくる。隣のおばさんや、郵便配達や、小学生になっているが、あれは顔も声もちがうけれども、本物が姿を変えているようだ。

おろかな人

頭が悪いとか知的能力が低いとかいわれる人は、考えうることの内容が貧弱で無価値なため、社会生活の困難な問題にぶつかってもうまく解決できずにその生存がおびやかされ、それをみずからは意識しない。こういう人間は世の中に思いのほか多いもので、変わり者の中では最も数が多い。変わり者というのは脳にどんな変化があって起こるのかよくわからないが、おろかであるというのは多くは脳の発育が悪いか、あるいは病気で脳がこわれたものであるという、体の変化のあることがわかっている。

頭がよいということと物覚えがよいということとは必ずしも平行しない。忘れっぽくても頭のよい人がある。何でもよく知っていて生き字引といわれても一生うだつの上がらない人もある。何かむずかしい問題にぶつかった場合、それをうまく解決するのに字引を持っているだけではだめで、それを活用しなければいけないのである。この活用の能力があるのを頭がよいという。少し覚えていてそれをうまく活用する方が頭がよい。

頭の悪い人の中には案外物覚えがよくてつまらぬことをいくらでも知っている人がある。一昨年の七月三日は土曜日であったということをよく覚えている。このようなことを覚えていても何の役にもたたない。つまらぬことは忘れてしまう方がよいのである。毎日見る新聞の記事をみな覚えていたら、たいへんなことになろう。夕方、今朝見た新聞の記事に何があったか思い出せない方が普通なのである。もちろん重大なことは忘れる方がおかしい。戦争が始まったとか終わったとかいうわれわれに直接大きな影響を及ぼすことは覚えているが、他人が車にはねられたことはすぐ忘れ、フランスの大統領の名は数日は覚えているが、そのうちに忘れてしまうものである。おろかな人間は新聞の欄外の何年何月何日は何曜日ということを二年も三年も覚えていることがある。

人間はある程度みなおろかである。学校の先生は株を買うことではおろかである。しかし、このような場合にはおろかとは言わない。けれども数学の先生が学生に修養の指導をしたりするときには、本当からいえば、おろかな行動をするかもしれない。修養というようなことは修養専門の学問というものはなく、何の専門家でも社会生活をしているうちにひとりでに身についてくるものなのであるから、数学の先生でも生徒の指導がうまくできるであろうが、数学の大家であるから何事についても偉いというのは誤りである。

おろかではないのに、おろかだということがある。それは数学の先生が株をやってへまをし大損するという如きである。すなわち、よけいなことに手を出して失敗する場合である。これは頭が悪いのではなく出しゃばりなのであるが、それを意識しないのは、やはりおろかであるのだろうか。人と話をしていてよく知りもしないことを知ったかぶりをして話して、本当は知識のないことを暴露してしまう。音楽会へ行って曲の終わらぬうちに終わったと思って拍手して笑われる。この場合、自分でよくその曲を知らないから拍手などしないでおけばよいのに、人から感心されようと拍手してぼろを出す。このようなことは社交場でよくぶつかることである。自己の分を知り自己の無知を知るということは決しておろかなことではない。おろかな人は自分がそうおろかであるとは知らない。

おろかな人は何々ができないというだけのことではなく、変わったことをするという点でも妙に見える。

ある四十歳の会社員は脳破壊性の病気に罹ったが誰も気づかなかった。彼は二十万円持ち出して十万円の写真機を買い、フィルムを入れずにシャッターを切って歩いた。しかし二日後には一万五千円で売ってしまった。そして列車に乗って温泉場へ行き宿に泊まったが、仲居さんに一万円もチップをやり、他の泊まり客の靴を一足盗んできてそのまま古道具屋へ五百円で売ったので、すぐ見つかり警察で大分しぼられた。そして警察から家の方に通知があって家人が迎えにきたが、帰るときにつまらぬこけし人形を百も買って行った。家人になぜあんなバカなことをしたのだと言われても平気な顔をしていた。その後も度々くだらない物を買ってきたり、鞄を失ってきたりして、金をどんどん使ってしまう。経済的なことを少しも心配せず、いくらでも金がもうかりそうなことを言っている。それで家人は怪しんで医者に診せると梅毒性の進行性脳破壊が始まっていたことがわかった。

しらべてみると頭が悪いという点が見えないのに、実生活では非常におろかであるということがある。知能検査をしてみると百点を取る。しかし本人は毎日仕事もせずにぶらぶらしている。やればできると言いながら何もしない。そして汚いかっこうをして昼寝をしたり、日向ぼっこをしたりしていて家の手伝いもしない。こうして一生を終えてしまう人がある。これも病的なものである。あるいはよい頭を持っていても人の厄介になって、大論文に何年も取り掛かっている。その内容は「エネルギーの相対性と蠅の不滅性の関係について」であり、わけのわからない文章を書いた原稿が千枚もたまっている。あるいはノートに二十冊も毎日毎日感想を書いて暮らしている。そのノートを覗いてみよう。


淋しさは狂想を駆り立てさえするけれども、そのままに昔と共に遠のいていく。遠く離れたままで淡い接触をくりかえして反芻すること。具体的なプロセスを放擲したことが堪えがたい淋しさを呼び返す。

ひたひたと押しよせるような強さを徐々に獲得しつつあることエトセトラ。

死に行く人、去り行く人、私には一つの世界が待っている（のだろうか）。

日日ゆっくりと調子を定着させるように、拡大、埋没、イングループ、接合。

アランのバルザック論は現象性を浮び出させることに集中する。

食事の設計、半日労働、米二合。

ゼイ　セイ　ザット、この私が正体の知れない珍物であるそうな。

ほのかなる期待をとろとろと燃やしつつ、それでもともすれば我を忘れてぶらつく。

常に現在に停滞してはならぬ。常に速やかに離脱しなければならぬ。それを具体性＝現象性の強靭なる把持と混合させてはならぬ。対決によって崩壊してはならぬ。

具体性はその構造が透明でなければならない。それも一つのハーモニーである。あるいはリアリゼーション〔リアライゼーション〕か。

記号を追いかけることですぐにぐらついてくる。米の飯を食うように金を食う。アクションに飽満しえない寂しさ。あれは一体誰だったのか。

秋の女、春？　旺盛な食欲、ボードレールとは反対。

怠け者、勉強せずに問題の推移を眺めている。

ブレインのバックグラウンドと外的条件としての歴史的段階、アンダンテ　カンタビレがどうしても出てこない。強迫的なアトムと解除して非常に軽い気分になる。


この短文はいったい何の意味なのか。全く無意味なめちゃくちゃなものか、あるいは奥深い意味を象徴するのか、とにかくこのようなものをノートに書いて暮らし、仕事も勉強もせず一生を送るのは、利口なことではあるまい。しかし普通の人でもノートの端にこんなことを書いてぼんやりした午後を送ることもある。あるいは思想家の断片にこれに似たようなものがある。真に価値のあるものであるかどうかによって病的か否かが決まるものとも限らない。病的なものでも価値が多いことがある。おろか者であるか天才であるかの区別がつかないこともある。

天才

天才は変わり者である。価値のあまりに多い精神的産物を創造するからである。しかし天才は知能とか才能の点で優れているということだけがちがっているのではなく、感情状態、意欲の点でも異なっている。天才がまともな社会生活をしていることはあまりない。風変わりな、あるいは半ば気がちがっているといわれるような生活をしている。人とろくにつきあわず、夜は徹夜で勉強し、昼は寝ており、人に迷惑をかけても平気であり、機嫌が悪くて家人と喧嘩ばかりしており、無断で家を捨てて飄然と彷徨し、汚い居酒屋にもぐりこんで酒に酔いしれ、性的に放埒であり、あるいは全く禁欲する。しかし、すばらしい創作については意欲が旺盛で、知的に優れているよりも、その熱烈な欲求が天才を生むのではないかと思われるぐらいである。すなわち天才は多くはひどい熱心家である。また、そのすばらしい創造物の価値は普通人の及ばない夢の現実化による。天才は夢見る人である。また天才は普通人の見いだしえないものを現実の中から見いだすのであって、勘のよい人であり、哲学者である。しかし現実を素直にとらず、変わった見方をするので、ひねくれ者である。自己の欲求の対象にばかり気持ちが向かい、他の人間には関心がないから、冷たい人である。気の向かぬときは何もしない。のらくら者であるように見えることもある。

病的な天才の例を二、三挙げてみよう。

Ｔは田舎の農家の青年であった。高等小学を出て家の手伝いをしながら好きな絵を描いていた。時には町の工場に行って働いたこともあった。近くの町に同好者のやっているような小さな絵の展覧会があって、Ｔの絵もその隅に陳列されることもあった。この町の出身者で大学の独文科を出て小学校の先生もやっているような変わり者の先生があったが、その展覧会へ行ってＴの絵に心を打たれた。そしてＴに会ってみた。熊のような、のっそりした、無口の、しかし心の温かみの感じられるような農家の倅《せがれ》であった。しかしその絵は強烈な印象を与える、新しい描き方の、類のないようなものであった。そして互いに共鳴して、この小学校の先生は東京へ出てこの画家と共同生活をしてみようと思った。小学校の先生の乏しい給料では充分絵の具を買って与えることもできなかったが、知り合いの画家の指導も受けられるようにした。指導といっても展覧会に出すには誰々の弟子というのでなければよい絵でも入選しないからで、直接指導を受けるには弟子の方が大きすぎたろう。このパトロンが小学校へ出勤すると、この青年は掃除や食事の後片づけをしながら、絵の材料を探したり、描いたりしていた。材料は下町の汚れた倉庫の裏口や、こわれかけた家や、どろ沼であったが、それがこの画家の手にかかるとすばらしいものになった。街を歩くときは目を据えてものすごい態度で歩いたので巡査の不審訊問にひっかかるくらいであった。彼の絵は筆で書くのではなくチューブからほとばしり出る絵の具を投げつけるのであった。それがすばらしいものになったのである。絵を描きはじめると、もう何も彼の注意をそらすものはなかった。自分が描いた絵を三時間も四時間も見据えて、それからまた手を入れる。絵の鬼であった。ろくに話もしない。もしパトロンに見捨てられれば生活能力もないかもしれない青年、ただ絵だけに生きている男。しかしこの青年は、しばらくすると肺を冒されとても都会生活はできなくなった。そして故郷で静養しなければならなかった。実家には正気を失った弟がいる。この青年はどんな気持ちなのだろう。口には気持ちを表すようなことはなかった。しかしその手記を覗いてみよう。

「障子の向うで不思議な音楽がする。それは脳を病んだ弟が日向ぼっこにふくらんでいて、自分で作った楽器、それは養蚕のかごのふちをこわした竹へ針金を引っぱって弓にし、その針金を口にくいしめ、歯のかみしめ方で手で打つ針金の音に変化をつける。口にくいしめられた針金の音は細い微妙な音までよく耳にひびくものだ。その音によって狂った頭を休ませる。友もなく、いたわるものもない彼は、こうしてその音に気を乗せて行くうちに、ぎらぎらする神経をやわらげることができて、一時のたのしみに酔うのであろう。そのうちにその口から歌詞のわからぬ声をその音に合わせて、体をまっすぐに立たせたまま股をひろげて前へ進み、その姿勢のまま、また後へかえったりして調子よく踊る。その大きなふくれ立った体は原始人の踊りのようである。眼をきょろりきょろり光らせ、一点を見つめ、頰のこけた頭は墨でくまを取ったように悲惨に見える。

私はこれから彼を絵によって生かそうと決心した。彼こそ私の表現にぴったりしている。彼こそ私たちの逃れようとしているものを素裸に表現している。そのかたまりである。

私の家をがたがたにしてしまった男。よってたかって止めて止まらぬその行い。わが身の肉を破って血を出すことを感動すればやってしまう男。どうすることもできない、手の出しようのない男だ。彼のことを書けば尽きることがない。家人はどんなに苦労し続けたかしれない。ちょっとのうれしいこと悲しいことに激動して大暴れになってしまう男。そのために物は皆こわされてしまう。私にとってはとても苦しい存在だった。彼が激情すれば私も激情し、私は丸太を持って彼の頭をぶちたたき、彼の鼻をぶん曲げた。彼の頭にはゴム毬のような大たんこぶが盛り上り、顔中まっ赤な血に染まったこともあった。そうすると彼はなおたけり立って自らその足を切石にたたきつけて破ったり、隣の家のものでも新しいものでも手あたり次第無我夢中にたたきつぶしてしまう。私や母の頭はもうがあんとしてしまって手が出なくなってしまう。私の父はこれとまた反対で、どんなことでもじっとがまんして、何時でもやさしい温顔を以て私たちに向かう。私はどんなにたけり立っていてもこの父に向かえばどうにもならなかった。父はどんなつらい事でも悲しい事でも、じっと不平一つ言わずに受けている。私はある時は非常に敬服し、ある時は非常に軽蔑する。どんなことでも甘んじて受け、運命とあきらめる。父はいつからか朝と夕に、家の座敷に座り東に向かって頭を下げ拍手を打つ。朝起きるとお茶を仏様にささげて一口する。全くどんなときでもやさしく言葉をかけ、怒ったことがない。

こんなことを書き続けてしまった。きりのないことだし、つまらないからやめよう。私は今うんと制作を続けたくなっている。絵の具が欲しいものだ。三原色でもよい。……私はこうやって描いていると、背中に熱がかたまって痛んでならない。呼吸をすると針でも刺されるように痛む。

私は戦いたい。しかしどんなにもがいてもどうにもならない。頑固な病がとりついている。私は盛り上がる心をおさえて、十分の仕事ができない。

徐々にかまえて歩かなければならない。もどかしいものだ。しかし来る時が来ればどうにかなってしまう。それは覚悟だ。まだおさえにおさえている。

表現したい。表現したい。

どんどんととび歩いて、くだけて散って。

…………

血を喀《は》いて立てずになるまで絵をかかす俺の家の不幸はこの心がもとだ。」

この青年は絵のみでなく文章でも何とすばらしく描いていることであろう。この正気を失った弟はすばらしい絵となった。しかしこれが最後の絵となった。この頃パトロンの先生が帰省したときに立ち寄ると、今度こそ一緒に東京へ行くと駅まで一緒に来た。カンバスを二枚持つだけなのに息を切り脂汗をかいていた。先生は心配して医者の所に連れて行くと、肺がひどくやられていて、とても今は活動できないと言った。一緒に東京へ行けないのでひどく落胆し、一緒に飯を食べようと先生がさそっても、ひとりになりたいと小雨の降る中を歩いていった。これからずっと前に友人に借りた五銭を返しに行くのだと言うった。その夜から病気は重くなり、しばらくして死んだ。
彼の死後このパトロンの先生は三十枚ばかりの作品を公開し展覧会を開いたことがあり、それは大学新聞などでも賞讃されたが、戦争となり、数枚の絵が疎開中のこの先生の許で残った。しかし戦後この先生の友人が借りて人々に見せようとしていたときに火事で全部焼けてしまった。

もう一人画家の病的天才がいる。

若い娘。高校を出て一年ぐらい日本画を習ったが止めてしまった。そして二、三ヵ月家に閉じこもり、不機嫌で時に暴れたり物を投げてこわしたりした。それが止むと猛烈な制作欲が出た。妙なアブストラクトの絵が流れるように生まれ出た。三百も四百も、すらすらと絵が流れ出した。これはシャガールのまねだ、これはクレーだ、これはナギーだと批評家は言う。しかし彼女はそのような絵を見たこともない。ただ描きたいものを描いている。主としてクレーに似たようなものだが、その数百点の個展を自らやるくらいの積極性もある。体の小さな蒼白い、表情のない顔をして、黒い服で右の腕だけ赤い布でできた上衣を着て、街の古本屋で買った哲学書を四、五冊かかえて歩いている。彼女の家はさいわい裕福であるのでアトリエも作ってもらった。都会の美術雑誌にも作品が載るようになった。ときどき家に閉じこもって何日か人にも会わずに描く。アトリエの中は乱雑そのものである。彼女は近頃フランス語を習い出した。家から金を出してくれるからフランスへ行きたい――習いにか――いえ、私のものを見せに。これは誇大妄想ではない。本当にパリで問題になるかもしれないのだ。

私はこの娘の絵をある雑誌記者に紹介し、美術雑誌に出してもらうと、評判になり、パトロンが現れて個展を開き、大成功で、しばらくしてアメリカへ行くことになった。彼の地でもこの絵は好評で、変わった画家として通用するようになったところ、そのうちに麻薬や同性愛の青少年のグループに入り込み、裸の男の子の体に妙な絵を描いて、街中《まちなか》で突然素裸《すっぱだか》になるというような、集団ストリーキングのようなことをやって、新聞にも出て一挙に名が売れた。その妙な絵も人気が出て高価に売れ、美術館でも買い上げるようになった。インテリアデザインの方でも、室内、テーブル、椅子、ベッド、床、壁まで布製の原色の茸《きのこ》で一面に覆われ、茸は何千何万というくらいで、これがまた当たった。これは何を意味するのかわからなかったが、ひそかに尋《たず》ねると、これは少年のオチンチンの群で、自分が不安におそわれたときに、この茸の森の中で寝っころがると落ち着くのだとのことであった。とにかく一見すると、われわれの思いも及ばぬ、あっと思うようなもので、それでいて妙に人の心に訴えるのである。

そのうちに自分の経験を小説に書いて一ぺんに文学新人賞をもらってしまった。クソ、ションベン、チンポコ、オマンコ、精液、少年乱交、同性愛、肛門など、汚い禁語がやたらに出てくる。全体として変態性欲の描写で、文章はまとまりがないものの、新奇な、まねのできない表現で、やはり、あっと驚いてしまうのである。この小さな、くすんだ、表情のない女性が、こんなものを書くのかと思うのである。そして自分は、この変態性欲事件に直接関与するのではなく、そういう連中を操って、傍観する処女なのである。こんな生活を三十年もしていて、若々しい処女なのである。そして、ときどき襲ってくる幻覚、不安におびえて、苦しくて、マンションの窓から飛び降りようとするが、やっとのことで抑える。薬で落ち着けると、アイディアも作品も産出されなくなる。自分でもそれが嫌で、薬を受け付けない。薬は天才を殺して、くだらない常人にしてしまうのである。死ぬほどの苦しみ、不安に悩みながら、天才的な作品を産み出して、それにやっと救いを見いだしている。茸の森にしても、不安に襲われたときに、この中でころげまわっていると不思議に落ち着くのだそうである。救いのために芸術品を発明している。ここが天才の天才たる所以《ゆえん》である。

第三の例を挙げよう。

女子校の専攻科を出たある娘、初めは小学校の先生をしていたが、次第にだらしなくなり、転々と職を換え、二、三ヵ月ぐらいしか一箇所につとまらぬ。店員、販売員、工員、映画館の案内人、下足番、ダンスホールのレコード係、山小舎の番人などをやった。身なりはかまわない。ボタンの取れた黒いよれよれの上衣とズボンを着けて、汚れた手を上衣で拭った跡が歴然としており、いつも素足にすりへった下駄をつっかけている。髪はぼうぼうとして、ちょっとたばねてあるだけだ。しかし美しい顔で、手入れは全然してないが、ギリシア的で、色が白く、頰が赤く、いつも微笑を浮かべている。目はどこを見ているのかわからない、春の野に霞のたなびいたようなきれいな目で、シガレットを吸う手つきはすばらしい。話しかけてもろくに返事をせず、たまに一言か二言気の利いたことを言う。フランス小説の訳書をポケットに突込んでいる。かせぐ収入は映画やフランス小説のみに使われて、身なりを整えるひまがないようだ。「ボードレールはいいね」「さあ、どうかしらん」「君の生活はサルトルの実存主義を基にしているんじゃないか」「そういえばそうだし、まあ、そうしておこうか」。これはすばらしい会話のようだ。美しい眼をした娘が脚を組んでシガレットを指にはさんだまま微笑を含んで考え深そうに五分間もしてから、こういう一言で答えるのは。彼女はこの地方の田舎詩人（象徴詩を作るようなお百姓さん、宿屋の二男坊もいる）に人気がある。ボードレールもサルトルも深く解しているように見えるし、彼女のすばらしい態度を見ていると詩的インスピレーションが湧くというわけで人気がある。彼女は「感想」を書いたノートをビール箱に十箱ぐらい持っている。二、三行で、ずばりとすばらしいことを言ってのけるような形のものである。パスカル、ゲーテのようだ。家人はその娘を風変わりな天才だと思っている。

彼女は徹底している。映画館へ行くと若い男が手を握る。――この男は私の手を握って満足しているらしい。それでは握らせておいてやろう。――若い男はこいつは気があるなと思う。喫茶店へつれて行く。彼女は微笑を含んで寡言でついてくる。目はほほえんでいる。すばらしい。夜おそくなって田舎道へさそう。まだついてくる。それで若い男は乱暴狼藉に及ぼうとする。すると、これはどうだ、この小さなきゃしゃな体にどうしてこんなに抵抗力があるのだ。彼女は決しておかさせない。――しかし彼女はこれに懲りない。また夜道を平気で歩き、えたいの知れない男におごってもらう。

平生の生活を見ると朝はやっと起こされて朝飯も食べずに仕事に出かける。作業場ではぐうたらで、ずぼらで、平気であるため、評判はよくない。娘らしく身を整えることはない。夜は映画を見て、盛り場をほっつきまわり、家へ十一時頃帰って、ひとりでぼそぼそと飯を一時間ぐらいかかって食べる。

よく彼女を見ると天才的なところも浅薄である。本当にボードレールを解しサルトルを解しているかどうかわからない。「今の仕事はいいかい」「さあ、どうかしらん」「皆が君をバカにしはしないかい」「そういえばそうだし、まあそういうことにしておこうか」。こんな問いにでも二、三分間じっと考えた末にサルトルの問いと同じような具合に答える。家人が天才的と思っている「感想」の山もよく見ると大して意味のない支離滅裂のものであるが、これが真に無意味なものか、あるいは私の如き平凡人にはわからぬようなものを包み隠しているのかはわからない。とにかく彼女の作品にも、表情にも、態度にも、何か変わったすばらしいものがありそうだという印象を与えるものがあるが、今のところ実際には何の価値のあるものもなく、無駄な努力をしているおろか者とも思える。おそらく精神分裂病〔統合失調症〕がもう少し前で止まってくれたら天才になったかもしれない。しかし進みすぎて無価値なものになってしまった。もっと進めばおろかな精神病者として一生のらくらと暮らすようになってしまおうと医者は考えるのである。できそこなった天才である。

天才が全部精神病と隣り合わせたものではないが、実際隣り合わせたもの、あるいは精神病者の子に天才が生まれ、天才の子が精神病であるというようなことはよくある。ここでは、変わり者としての天才を述べたのであって、天才が全部このようなものであるというのではないのである。

わけのわからぬ人

人間にはそのなすこと言うこと全体から見ると何かまとまった一つの態度が背後にあることが他から見て取れるのが普通である。だから学校の先生が副業に暴力バーをやることはまずないし、もしそんなことがあれば変だと思う。ただし代議士先生が暴力バーを開いていても変とは思わない。しかし二つの相反したものが一つの人間の中にあることもよくあり、こういうときにはばらばらな分裂した人間という。ジキル博士とハイド氏のような二つの相反した傾向が一人の人間の中に巣をつくっていて相争うことは、欲望と道徳との争いという形で、いくらもある。軽い程度の分裂はいくらもある。先生がパチンコに凝ったり、坊さんが色狂いをしたり、絞首役人が花を植えたり、独裁者が子どもの頭をなでたり……、これらはあまり奇妙ではない。しかしこういう人の気持ちはわれわれにはあまりよくはわからない。独裁者は犬でもけとばした方がしっくりする。

もし私が、しかつめらしい宴会の席で、見知らぬ紳士の前へ行って礼をし、いきなり相手の鼻をつまんでにやりと笑い、また平気な顔をして帰ってきたら妙なものであろう。いったい、からかっているのか、わざと妙なまねをして変わり者と見せかけ、何かの評判を立てようというのか。精神病になるとこんなことをする人がある。ドストエフスキーの小説の中の人もこんなことをしかねない。若い学生も時々こんなことをしてみようかとの考えを起こすことがあるが、なかなか実行しない。実行すれば、精神病だ。

精神病になると、こんなばらばらな、わけのわからない態度がいちじるしくなる。私は先生が大好きですと言って、いきなりなぐる。私は世界の皇帝だと言いながら便所の掃除をする。先生は私を殺すんですね、ちゃんとわかっています、と言いながら笑って肩をもんでくれる。

このように行動がまとまらなくてわけがわからないよりも、話がばらばらでわけがわからないことが多い。知ったかぶりの哲学や何かの主義の愛好者がむずかしい術語を並べて話をするときには、わけがわからなくなりやすい。これに似た患者の話をいくつかならべてみよう。

言語は精神の母体的根源性であり、心の彼岸的深淵性であり、そのために霊に対して永遠の別離をもたらすものなのである。

学術的問題の外にあって、実在主義と共産主義と、とにかくあまりに大きな問題です。範囲を限定するならばいえるでしょう。古代ギリシアが哲学と詩作で、神学の瞑想的、あるいはつまりまあ思想的といってもいいのではないかと思いますが、とにかくそのような精神的態度を問題として取り上げても、それはわれわれに非常に教えるところが多いのじゃないか、私はこのように思うのです。

花は性だ。そして時計です。今日も、明日も、永久にそうです。

お医者さんは試験を受けてパン屋です。パンは北極です。議会は稲妻です。私は父から生まれた。父は母です。

あなたはえらいですよ、そまつにする奴は罰があたる。虎が出たら一丈一尺、その通りまちがいなし、いやもうありがとうございます。何ともいえない、めんじょうはんしょう、ぱしやあぼうが、きどものじんたい、なかんなきなく、むかしゃあぼんだい、そりやはぼげ、びょうかんしょく、食わず飲まず。

光る　頭　痛い　だめだ　頭　光る　だめだ　光る　痛い　頭　光る　だめだ。

あーんときて　がーんとして　うーんといって　ぱーんときて　えーっとやって　しーんとして。

精神分裂病〔統合失調症〕の患者が身動きもせずに座って、無表情で、こんなわけのわからぬばらばらな独りごとを言っているのを見ると、坊さんを思わせる。

かんじざいぼさつ　ぎょうじんはんにゃはらみたじ　しょうけんごうんかいくう　どいっさいくやく　しゃりし　しきふいくう　くうふいしき　しきそくぜくう　くうそくぜしき　じゅそうぎょうしき　やくぶにょぜ……。

がてい　がてい　ぱらがてい　ぱーらさんがてい　ぼでいすわーはー。

もちろんこのお経は意味があるが、聞いている多くの善男善女にとってはちんぷんかんぷんであろう。しかしお経の単調な節まわしには何となくありがたみがある。めちゃくちゃなわけのわからぬことがありがたいとは妙なことだが、ラテン語の賛美歌を歌うカトリック教会にもこの傾向はあるし、ドイツ語のリードやフランス語のシャンソンを意味もわからずに「原語で」歌ってありがたがるのにもこの傾向がある。その歌の意味は「太郎兵衛とお花が恋をした」と言うんだと言われると、がっかりしてしまう。はんにゃはらみったの呪《じゅ》、がてい、がていにしても、何だかわからないからありがたいが、「着いた、着いたよ、彼岸に着いた、悟りの道が、やっと開けた」ということだと言えば、なあんだということになる。精神分裂病の患者がめちゃくちゃなことに単調な節をつけてたてつづけに喋っているのはちょっと宗教的な味がある。多くの邪教の教祖は精神分裂病患者で、幻覚や妄想で神のお告げを聞いたり、自分が神であると思ったりして傍《はた》の人間がそれを祭り上げるが、このばらばらのわけのわからぬことを言う点にも宗教的な味がある。

禅問答の如きものも、ばらばらなわけのわからぬものである。

僧問洞山、如何是仏。山云、麻三斤。
〔僧《そう》洞山《とうざん》に問《と》う、如何《いか》なるか是《こ》れ仏《ほとけ》。山云《さんいわ》く、麻三斤《まさんぎん》。〕

僧問趙州、万法帰一、一帰何処。州云、我在青州、作一領布衫、重七斤。

〔僧《そう》趙州《じょうしゅう》に問《と》う、万法一《ばんぽういつ》に帰《き》す。一何《いついず》れの処《ところ》にか帰《き》する。州云《しゅういわ》く、我《わ》れ青州《せいしゅう》に在《あ》って、一領《いちりょう》の布衫《ふさん》を作《つく》る、重《おも》きこと七斤《ななきん》。〕

精神病の患者でも、

あなたは何になりたいですか——花はきれいですね。

さあごはんに行きましょう——私は明日は殺される、ああ愉快だ。

この場合、問いと答えとは全く無関係なのか。禅問答の方は私にはわからないが、患者は解釈してくれることがある。明日とは今日のことです、殺されるとはご馳走があることです。なぜそうなのか、それはわれわれにはわからぬ。患者にとっては今日は明日であることは二と二で四であるくらい明々白々なのである。父は母です、二は三ですと患者は言う。烏白鷺黒、白黒黒白、一即多、多即一、絶対矛盾的自己同一なのである。

精神病ではここでも宗教や哲学と関係してくるのであるが、内容はどうか知らないが、形の上で非常に似ているとは面白いことである。

ばらばらなものは近代美術にもあり、したがって精神分裂病の絵にもある。一つの画面の中に互いに何の関係もなさそうなものが妙な形で並んでいて、それに「静寂」とか「未来」とか、その絵と関係のなさそうな題が付いている。素人《しろうと》には何のことやらわからない。批評家に尋ねると、これがわからぬとはなさけない奴だというような顔をして、どこがいいとか何であるとかを問題にするのがまちがいであると言われてしまう。しかし批評家がほんとうのことがわかっているかどうかもわからぬ。画家は意識的に何を描こうとしているのか、画家に尋ねてもわからぬ。私はいつか精神分裂病の画家でひどく天才的だともてはやされている人を見つけて、こっそりと尋ねてみた。そのわけのわからぬ絵は、その画家の言うところによれば、自分の体の中に感ずる幻覚を描いたものであった。青い地に大きなもやもやした赤い丸いものがあって、小さな赤や紫のマッチの棒がたくさん飛んでいるような絵は、爪の先から針が入ってきて自分の心臓に突き刺さることを、ありありとこの絵のように感じているのを表しているのだと言う。そしてその針を掘り出そうとして実際に爪をむしっていた。

もちろん頭で描くシュールレアリスムの画家もある。モダン生花などは、それにちがいない。しかしこれは猿まねだ。ほんとうの天才的画家は新しくそれを直接体験として発見するのである。

わけのわからぬばらばらなものは、しかし誰の心の底にもある原始的・非論理的な考えである。だからお経や禅問答は何となく心にひびき、モダン・アートも何となくよい。どこがいいのか、何が描いてあるのか、などと理屈を言ってはいけないのである。子どもの歌もそうで、ずいずいずっころばし、ごまみそずい……といっても意味も何もわからないのであるが、そこにただよっている何かの気分があって、それがよいのである。ばらばらなわけのわからぬ世界というものは、またそれはそれで、何かいいものがある。われわれの心の底の無意識のふるさとを感づかせてくれるようなものなのではあるまいか。

ある説によると、「(1)ずいずい、ずっころばし、ごまみそずい。(2)茶壺におわれて、とっぴんしゃん。(3)ぬけたら、どんどこしょ。(4)俵の鼠が米食ってちゅう、豆食ってちゅう。ちゅう、ちゅう、ちゅう。(5)お父さんが呼んでも、お母さんが呼んでも、行きっこなしよ。(6)井戸のまわりでお茶碗かいたの誰。」というのを解釈すると、(1)は胡麻と味噌を擂鉢《すりばち》と擂子木《すりこぎ》で擂る玉門と玉茎の結合運動であり、(2)で茶壺というのは玉門のことであって、娘にせまられて、まぐわうのであり、(3)は玉茎が抜けてやれやれというのであり、(4)は、鼠は玉茎の象徴、米、豆はつびの中にあるもの、ちゅう、ちゅうは音、(5)はこのことは父母にも内緒にしておけということ、(6)の井戸は玉門をあらわし、茶碗はかわらけで、昔から小娘の玉門を言い、それを割るのは破瓜のことである。子どもの意味のない歌には、このような性的なものが隠されているとするのであるが、そうとすれば、患者のわけのわからぬ言葉にも、その隠れた意味が求められるかもしれない。

このような象徴解読は近頃よく行われ、意味のないところに隠れた意味が求められる。猫の体に絵の具を塗って紙の上を転げ回らせると、すばらしい抽象画ができ、これを心理分析家は解釈して猫の気持ちまでわかるのである。ロールシャッハの性格検査、しみ画解釈をそれより百年も前に行った人があり、それは医者で作家のユスチヌス・ケルナーであるが、その人は人間に二つ折の紙の中にインクをたらして、ぴしゃんと閉じて開いたときにできたしみ画、インクプロットの図から、その人間の潜在意識を見つけ出した。

異常性欲者

性欲は最も原始的な欲求である。非常に簡単な目的を最も原始的な行為によって遂行するのであるから、異常性の入る余地などはなさそうなのに、どうしてこのような奇妙な異常性があるのか、不思議なくらいである。人間では、性欲は種の保存という究極の目標は見えなくなっているくらい性欲の付随物の方が主目的となっているように見える。これはいったい社会的規律で抑制を受けるためなのだろうか。どうもそれだけとは思えない。手淫は相手の得られぬためのやむをえぬ措置なのか、あるいは幼児でも行うところを見れば、人間の生物学的本質によるものなのか、おそらく、いずれの場合もあるだろう。

性欲が異常であるというのは、生殖を目的とする異性間の性行為以外のものということになると範囲は非常に広くなり、坊さんの禁欲、独身、わいせつ文画などもこれに入るが、普通はもっと直接な、狭義の性的なものを積極的に実行するようなものをいう。性欲の対象の異常としては、異性でなくて同性を相手とする同性愛、自己を相手とする自己愛、物品を相手とする物品愛、性的未熟の者を相手とする児童愛、その他動物愛、屍愛、近親愛などがあり、また異性を相手とするが性行為に異常があるものとして露出症や苦痛愛（サディズム、マゾヒズム）がある。同性愛や自己愛、ことに自慰は異性を得られない止むをえぬ措置として年少者にはいくらもあり、自慰などはしたことがない方が異常であるくらい誰でも経験がある。これらを異常というのは異性愛よりも同性愛や自己愛の方を好むという場合、あるいは異性と交渉しながら頭の中では同性愛や自己愛を描いているという場合である。外観上は正常な性的関係にあって、行っている人は全く変態的な空想をしている――というより、そうしなければ正常な形の性的行為を行えないという人がよくある。これは潜在的異常性欲者である。またいずれの形の異常性欲にしてもその軽度のものは正常人にいくらも見られる。異性の下着や髪、裸体像に性的興味を持ったり、ストリップを見たりする人、夏、裸に近いような服装をする女性、つねったりつねられたり、キスして噛んだり噛まれたりする人々などは、軽い程度の異常性欲者かもしれないが、このような異常性は広く一般に行われるので、異常性欲というのはごくいちじるしいもの、自分でも自分の異常性に困り、あるいは社会的にも有害なもののみをいうのが普通である。

私は少年時代から自慰をするとき、自分より年長の男性を空想しながら行った。年長になり結婚して子どもができても、やはり力強い男性に惹かれてならなかった。性行為のときも相手をこのような男性と空想しつつしか行えなかった。私は幼児期に体が弱かったので、たくましい人間にあこがれたためかしらん。このようなことは苦痛であり、妻に対しても非常に罪を感じたが、他人にうちあけることはできなかった。そのためよけい苦痛になった。世の中に自分のようなものは一人しかいないような気がする。

＊

三十歳になる男、妻と二子があるが、他家の留守宅に忍びこんでは赤い長じゅばんを持ち出して、それを着ると性的興奮を起こし、それを盗み出して隠しておき、ときどきそれを着ては性的満足を得た。この男は青年になっても自慰をしなかったが、友人につれられて初めて行った売春婦の所で彼女が着ている赤い長じゅばんを見て初めて強い性的興奮を起こし、以来それがやみつきとなった。よくしらべてみたら、この男は芸者の子で、幼いときに養子にもらわれていったのだが、赤い長じゅばんに対するあこがれは実の母に対するあこがれの象徴なのだろうか。もちろん自分ではそうとは意識はしていない。

＊

二十歳の青年。父と母は離婚し、その母にも捨てられて、他家に養子となっている。四歳から自慰をし、ひとりでに覚えたのであって、止めようとも思わない（普通は人に教えられることが多く、悪いことをしていると思って止めようとしてもなかなか止められないので、ひどく悩む）。中学の頃、家の二階で同級生四、五人が集まって、同じ年頃の女の子を輪姦したことがあったが、自分はそれを見ながら自慰をするのみであった。十四、五歳からは道で会った三十歳ぐらいの女の人を頭に描きながら自慰をするようになり、ことにパーマの髪を空想して自慰をする。お下げ髪や裸の異性は全く興味がない。髪と目に性的興味があり、島崎雪子、三宅邦子の目が性的によい。わい談、わいせつな本には全く興味がなく、年上の女との性交欲もなく、ただ思い浮かべて自慰をするのがいちばんよい。この青年は精神病ではないのに貧しい養母を助けて仕事をするでもなく、そうかといって悪遊びをするでもなく、自分の身の上を悲しむでもなく、将来の目的もなく、その日その日を無為に空想と自慰で満足して暮らしている。

＊

五十歳の農夫。娘が高校を卒業し工場へ働きに行くようになり、恋人ができ、それを非常に苦にしていたが、娘が一晩家をあけたのでひどく心配し、その翌日急に娘に切りつけた。よくしらべてみるとこの父は娘が中学に入った頃から娘の寝ている床へ入り込んだり、乳や股をいじったり、パンツを下げたりし、妻もかんづいて問題になったこともあった。娘に恋人ができたための嫉妬で、この傷害事件を起こしたのであった。

このような異常性欲者には、なぜそうなったか、その心理的発生がわれわれにわかるような気がするのもある。しかし、多くの異常性欲者は生まれつきであって、なぜそうなったかわからないようなものが多い。どこまで生まれつきの性欲異常であり、どこまで心理的原因によるのかは、なかなか決められない。いわゆる精神分析をやって見られるようなのもある。

ある新婚の若いお嫁さんが不眠と人格感喪失（本書三三三頁）を訴えてきた。感情もなくなり、夫も夫だか何だかわからず、自分もいるのかどうかわからぬ。困ることには性感もなくなった。よく尋ねてみると、初めは性感はあったが、自分たち夫婦のいる部屋は姑たちの部屋のすぐ隣で、障子を隔てているだけで、その上、姑も不眠症で夜の二時頃まで目を覚まして本を読んでいるというのである。これじゃあ嫁さんが不眠症になり性感もなくなるのも無理はない。夫も夫だか何だかわからなくなろう。どうして別の部屋へ行かないのかと言うと、夫はこの部屋がよいと言うのだそうで、そこで姑たちが隣にいるのに大っぴらにやるので困ってしまうという。この夫は一種の露出症である。それで夫をしらべると弱々しい感じの青年で、母に甘やかされて育てられた。強迫観念があって、天皇陛下はなぜ朕と言うのかという強迫的詮索によく悩まされるという。(この場合、生まれつきの素質によるといえばそれまでである。精神分析をして心理的に見ると次のようになる。すなわち夫に次のように言ってやる。)夫よ汝はまだ母親に赤ん坊のようにヘソノヲでつながっているのだ。しかし独立国家となった以上、マッカーサーのようにヘソではなくて、嫁様とチンでつながらなくてはならぬ。それが本心でできないものだから、そんなとんでもない強迫観念に悩まされるのだ。朕とは、そもそも日本国民のあこがれの源であると憲法にも書いてあるではないか。日本人の人間存在の根本、実存的根源は朕なのだ。ドウルヒ　デン　チンフェルブンデン　ザインが日本人の実存的根源なのだ。だから戦争に負けても皇室は安泰だし、依然として国民のあこがれの的なのだ。しかるに汝はまだヘソノヲにあこがれている。フロイトならエディプス・コンプレクスと言うところだ。しかしこれはアメリカに従属している敗戦国と同じことだ。マッカーサーをヘソというのを知っているだろう。そもそも日本人たるもの朕にあこがれずして如何にすべき。左翼だって右翼だって宮城〔皇居〕前広場を使おうと死にものぐるいではないか。兵隊も死ぬときは天皇陛下バンザイと言うかオカアサンと言うかのどちらかだ。その根源はやはり朕へのあこがれだ。独立的人間は天皇陛下バンザイと言う。従属的人間はオカアサンと言う。汝もいやしくも日本人ならそうなくちゃならぬ。嫁様とうまくチンでつながるよう、フンレイドリョクすべし。汝は嫁と母を同一視しているのだ。汝の強迫観念には日本人実存の根源たる朕を疑うことがありありと見える。母とのマッカーサー的十二歳的幼児的つながりを断ち切れぬためだ。

　これで精神分析は済み、患者は治るはずなのであるが、私は精神分析が下手なので、もう一つの手を用意しておく。すなわち姑を呼んで、科学的に方角を見ると、嫁さんたちの部屋は非常に方角が悪く、このままでは子孫が絶える恐れがある。あちらの部屋は方角がよいから、さっそく変えなされと言うと、田舎の人は、大した家柄でもないのに自分の家が絶えることをあたかも天皇家の絶えるが如くに恐れるもので、さっそく部屋を変える。嫁さんの不眠症も不感症も人格感喪失も一挙に治ってしまう。

異常性欲の諸相

性格異常は感情意欲の面で並の人間とは変わっているものであるが、食欲や性欲の如き、身体的なものに密接な、いわゆる下級なものと、道徳や宗教の感情の如き、身体から遠い、純精神的な高級なものとに分かつと、性欲の異常の如き下級なものは、性格の成分として、あまり取り入れないのが普通である。しかし、性格と全く無関係なものでもなく、性格と相互の関係が密接なので、人間の性格の無数の種類とくらべて、性欲の如き簡単なものには、それほど違ったものはないように見えるものの、これはこれで、また、さまざまな変種を示すので、このような簡単そうな感情や欲望にも、ずいぶん複雑な形があって、さまざまの異なった様相を示すものであることを、少し詳しく見ていこう。

食欲と性欲とは個体維持と種属維持のための欲求であるから、栄養分を摂取することと、男女の性細胞を合致させて新個体を作るだけのことである。この目的の達成のために行われる行為は根本的には極めて簡単なことであるものの、食物の好き嫌いとか、摂り過ぎや不足によって、かえって個体を破壊させようと欲するようなこともあり、子孫を作らないような性行為に走って、性欲の目的に合わないことをすることもある。こういうものが異常な食欲や性欲であろう。しかし、正常の食欲や性欲の中にも必ずしも本来の目的に適《かな》わないような行動はいくらもあるので、正常と異常の境はもちろんはっきりしない。

性欲とは異性間の性交（コーイトゥス、コは共に、イトは行くことなので、共行）の欲望で、その遂行だけに限られるのが正常であるとすれば、正常の性欲はごく狭くなる。またその範囲をひろげて男女間の愛情までも含めると、愛情に正常や異常があるかどうかも見ることになる。

性欲に関することは、あまり明らさまには言えないというような社会的、道徳的、美的風習があるので、性器の名称でもなかなか簡単には言えない。性器の学名でさえ多少とも公言を控えるべきもので、陰茎、陰門、性交に当たるペーニス、ヴルヴァ、コーイトゥスというラテン語も虚心には用いられないであろう。これに当たる俗語は英語では昔から四文字語、フォア・レター・ワードとして大辞典にも載っていなかった。ウェブスターやオクスフォードの大辞典にも省かれていた。しかしシェイクスピアにも出てくるのである。一七〇〇年代の中頃、ジョンソンが初めて大きな英語の辞典（今は一冊数十万円もする、先年わが国で安いレプリント〔リプリント〕版が出た）を作ったとき、ある貴婦人が「先生の辞書はさすがに上品にできていて、いかがわしい言葉は載っていませんね」とほめたところ、皮肉屋のジョンソンは「お探しになりましたね」と言ったということである。人間は、中学生でも、初めて字引を買うと、まずこんな言葉を引いてみて、ないとがっかりするものなのである。こういう四文字語が載るようになったのは一九六〇年代のアメリカン・ヘリテージ辞典からで、わりに小さなオクスフォード辞典にも載るようになったのは一九七〇年代になってからである。日本の国語辞典にはなかなか充分に載らない。

　学術用語の陰茎、陰門、性交には暗い影が付きまとっているが、漢文ではさすがに玉茎、玉門、雲雨といって、きれいに見える。中国語では鶏巴《チーパ》、屄《ピー》、肏《ツァオ》というが、尸《シー》は身体のことなので、屄《ピー》は体の穴を意味し、「肉を入れる」が一字になるとツァオで、やはり象形文字のお国柄である。中国語に肏你媽《ツァオニーマ》というひどい悪口があるが、アメリカ語にもファック・ユア・マザーという悪口がある。日本語の卑語、チンポ、マンコ、マンコするに当たる英語はコック（cock）、カント（cunt）、ファック（fuck）で、これが四文字語である。ドイツ語ではハーン（Hahn）あるいはシュワンツ（Schwanz）、フォッツェ（Fotze）、フィッケン（ficken）、フランス語ではクユー（queue）、コン（con）、べゼ（baiser）であるが、このベゼはキスと同じ語で、さすがに洒落《しゃれ》ている。パパママネエ（papamaner）という語もファックのことで、パパママゴッコをするということである。

こういう言葉を拾っていくと数千ある。コック、ハーンは鶏のことであり、寝取られた夫のことをドイツではハーンライというが、ライ（Rei）は去勢のことである。フランスではコキュ（cocu）というが、クークー（coucou）は鶏ではなく郭公《かっこう》のことである。シュワンツ、クユーは尻尾のことで、日本語の交尾にはやはり尾が入っているし、ラテン語のペーニスも尾のことである。ある二歳になる女児が、弟が生まれて、おむつを代えるときに「あ、しっぽがある」と叫んだというが、この女児は、それまでに鶏巴《チーパ》を見たことがなかったのに、こう言った。幼児の鶏巴は指のようなので指似《しじ》とも言うが、指があるとは言わなかった。

カント、コンはラテン語のクンヌス（女陰）から出、クというのはうつろな所という意味がある。フォッツェは犬の陰で、臭いことをも言い、フィッケンは昔のゲルマン古語の動かしこすることである。日本の古い言葉ではハセ、マラ、シナタリクボ、ホト、マグハフなどがある。ハセはハシラのことで、今でもサヲと言うし、ギリシア語のファロスは男根と訳されるが、ポールすなわち柱のことである。マラは梵語の修道の障《しょう》礙《げ》のことであるが、おそらく南洋語モロが古く日本に入ったものか、あるいはミ（水）がマとかモに変わり、動詞のルが付けばマルとなって大小便の排泄になり、おまる（便器）もこれと関係があるので、マラもこれから来たのかもしれない。マリは大便、モルとなると洩ることになる。チンポコは小さな鉾《ほ》のようであるが、中国語の鶏巴《チーパ》、鶏八《チーパ》から来たものである。江戸時代には仈と書いてマラと読ませた。マンコは真《マ》ノ処《コ》、処はそこ、ここのこで、処《トコロ》の意味である。古代にはホトと言った。秩父に宝登山という名の山もある。ホは火または含むこと（頬はホホ）で、暖かい所とか入れる所、トは処である。マグハフはうまく合う、あるいは目交《まか》ふということである。密教の理趣経《りしゅきょう》に、妙適清清《ビョウテキセイセイ》句是菩薩位《クシボサイ》とあるが、真言宗では人間の性欲も、悟りを開くのに障礙となるのではなくて、肯定されてよしとされるので、妙適は至妙に適合する、うまく合うことであり、マグハヒは清浄なもので悟りの開けた境地であるというのである。シナタリクボは滴《シタタ》ル凹《クボミ》、あるいは尻《シリ》ノアタリの凹《クボミ》である。通俗語の禁じられた四文字語も源をたどっていくと案外何でもない清々句である。古代の日本人は妙な漢字を作り、閛、閉をマラと訓じ、閪、開をシナタリクボと訓じた。也という漢字は元来、象形文字としては女陰を象《かたど》ったものだと説文解字にある。門という字は入口なので女陰と関係があり、玉門、朱門といえばカントのことである。

ちなみに黄門は後門、肛門のことなので、昔は男色のことも黄門と言い、また宮刑を受けた奄人《エン》、宦官《カンガン》のことも黄門と言った。これは腐刑とも言われ、罪人の刑罰として、陰嚢の付け根を硬くしばり、血液循環を断《た》って睾丸を腐らせて去勢するのである。これが皇帝の後宮、すなわち妾たちのいる家の役人となったので宦官という。役人になりたくて進んで自ら去勢した者もあった。『史記』の著者司馬遷は宮廷の司書官であったが、友人の軍人李陵が北の蕃族匈奴と戦って虜《とりこ》になり、向こうに寝返ったので、帝は怒って李陵の家族達を殺そうとした。遷は友人のために取りなすと、帝は怒って遷まで腐刑に処したのであった（紀元前一〇〇年頃）。それで遷は発憤して『史記』を書いたのであった。わが国は中国文化を多く採用したが、この刑は採用しなかった。

しかし中国には割礼はなかった。割礼はユダヤとアラブには古代からあり、南方の諸民族にも方々の地方にあった。割礼はサーカムシジョンと言い、ぐるりと切ることで、鶏巴の包皮を幼児の時代に切除するのであり、これはエホヴァの神がユダヤ民族にきつく命じたもので、ユダヤ人たることの証拠となる。ナチの役人もユダヤ人を見つけるのに小学校にまで行ってM検（M検とはマラ検査のこと）をした。ヒトラーはなぜこんなことを命じたかといえば、彼はヘノコ（睾丸、テスティス、テスティスというラテン語は証拠、男性たることの証拠。テスト、試験もできることの証拠）が一つしかなかったからだという人がいる。旧約聖書では割礼していない民族は、神に救われない敵と見なされ、外敵と戦争をしたときに、殺した敵の死骸から包皮を切り取って証拠としたもので、日本なら首級をあげるというところである。首よりは軽くてよかろうが汚らしくもある。イスラム民族も元来、アダムとエヴァの子孫なので、割礼の習慣がある。

仏教には仏《ほとけ》の三十二相《そう》といって、仏が備えていた身体の三十二の特徴が書いてあり、腕が長く膝の下までも届くとか、耳たぶが長く垂れているなどとある中に、男根が馬のもののように隠れてしまう馬陰蔵相《めおんぞうそう》というのがある。すなわち勃起しないと皮の中に隠れているのがよいとされたので、仏には包皮、プレピュース（プレは前、ピュースはペニスのこと）があったのであろう。観仏三昧経によると、シャカは妻を娶《めと》ったが交合しなかったので、侍女たちは、シッタルタ太子のペーニスを見たことがない、きっと男じゃないのだろうと噂《うわさ》をした。そこで太子は昼寝をして露出してみせた。それは初め童子の形であったが、次第に大きくなって少年の形、次に丈夫の形となり、貝のように割れて出たとしてある。おそらくインドにも割礼はなかったのであろう。

日本には割礼も宮刑も入らなかったが、昔から包茎フィモーシス（獣の尖った鼻と口のこと）を少し恥じるところがあり、越前（福井藩の松平家では槍の穂先に皮の筒をかぶせた）とか「皮かぶり」と言ってからかったものであり、今日でも青少年が皮かぶりを気にするのは、古代に南方の割礼の風俗が日本に入って、それに影響されたのであろう。ユダヤの割礼が入ったのではなかろう。もっとも、青森県と岩手県の境の戸来《ヘライ》村にはキリストの墓というのがあり、ヘライとはヘブライのことだという。アメリカでは現代でも幼児にサーカムシジョンを行っているのはユダヤの影響であろう。実用的意味からは、砂漠や炎熱地帯では包皮の裏が汚れて腐敗するが、それを水で洗えないから予防するのである。したがって南方でも水浴の盛んな地方や北方寒冷地帯にはサーカムシジョンの風習はない。

このように、包皮の如き、あってもなくてもよいようなものに、民族や習慣によって、神仏まで引合いに出されて、種々の様相を呈するのであるから、人間の性格の異常性の如き複雑なものは、とても見渡すことさえ不可能なくらい複雑怪奇なのである。

共行《コーイッス》の仕方も、前後上下、アンテリアー、ポステリアー、スーペリアー、インフェリアーとあって、男性が女性の前か後か、上か下か、をまず大別し、さらに体位が、立つ、横になる、曲げるなど、こまかく分けて組み合わせ、相撲のように四十八手を分かつが、どれが正常で、どれが異常か、ということはなく、風習や好みによる。射出＝エジャキュレート（エはエクスで外、ジャクロは投げる）は、早すぎるか遅すぎるかによって、プレコクス（プレは前、コックはクック、煮る、熟する）とタルダ（遅い）に分かち、五分から一〇分ぐらいが普通とされ、数秒とか一時間というのは異常とされる。中絶＝インタールプツス（インター、間、ラプチャー、破る）は射出の直前に共行を中止することで避妊のために行われるが、これでは充分の満足が得られない。ことに女性においてそうであって、オーガズム（オルガオ、ふくれる）には女性の方が遅くなって達するからである。オーガズムを共行以外の方法で達するのは、ペッティング、ネッキングのほかに、もっと直接のクニリングス（クンヌスは女陰、リングスは舌）、フェラチオ（フェロは吸う）があり、両者を一緒に行うのはフランス語でソワサントヌフ、すなわちシクスティナイン、69と言い、これはこの数字の形があらわす洒落《しゃれ》である。フランス語でこれをガマフーシュ、英語でガマホーチというのは、日本語の蟇口《がまぐち》から出ている。グとフは似ていて、キング（英）とケーニヒ（独）、ヒトラーはロシアではギトリエルである。

ポリューションは睡眠中の性的興奮と射出で汚すという意味がある。環境汚染もポリューションである。オーガズムがないのはアノーガスミア、女性ではフリジディティー（フリジッドは冷たい）すなわち冷感症という。共行不能はインポテンスで、ポテンスはできることであるから、できないということになる。女性の不能は冷感でなくヴァギニズムで膣痙《ちつけい》であり、孔の壁の筋肉の収縮で孔がふさがることである。もしこのとき玉茎が入っていれば抜けなくなり、捕虜玉茎＝キャプティヴ・ペーニスという。麻酔をかけないと抜けない。

オナニーは旧約聖書の人名のオナンから出たもので、オナンは死んだ兄の妻と結婚したが、妊娠を避けるための中絶性交をしたのを誤って自慰とした。マスターベーションはマヌス（手）でストウプロ（辱しめる）からできた言葉である。女性ではヴァギナに物を入れて刺激することがあり、昔は張形《はりがた》という大人のおもちゃを用いた。オナニズム、オナニーを異常とすると、異常の方が正常より多くなってしまうことになる。

ナルシシズムはギリシア神話から出たもので、美少年ナルキソスは泉の水に映った自分の姿に見惚れて、そのために焦れ死んだので、神々が水仙に生まれ変わらせた。水仙（ナルシサス）はいつも水辺に咲いて自分の姿を水に映しているのである。ナルシシズムでは、自分の身体が性的対象であり、鏡に姿を写してキスしたり、性器を押し付けたり、自分の性器を眺めて興奮したりする。

フェティシズムはファキオ、作る、作ったものに由来し、作ったものに性的魔力があることで、石とか木などの物品に神が宿るとして崇拝されることから出ている。性欲の対象は異性の体の一部で、手、足、毛、鼻、黒い皮膚の色、着物の一部、ハンカチ、靴下、パンツ、排尿する姿などである。女性の下着の乾かしてあるのをたくさん盗んできて保存し、取り出して眺めたり、キスをしたり、同時にオナニーを行ったりするものがよくある。暴力で女性の髪を切り取って集める者もある。昔は髷《まげ》切りがあった。また、いつもある決まった着物を着た相手を好むものもあり、制服がこれで、学生や看護婦〔看護師〕は制服を着ていると魅力があるが、他の服では魅力を失ってしまうことがある。バラの花を着けた女だけが魅力があるなどというものもある。

トランスヴェスティティズム。トランスは越えてあちらへ変えることで、ヴェスティスは着物、ウェストで、異性の服を着て性的満足を得るのであるが、異性の服を着た自分の体が対象となれば一種のナルシシズムであり、またフェティシズムの要素も混じっている。現今は女性もズボンをはくようになったので、女性が男性の様子をしてもトランスヴェスティティズムには入るまい。ショパンを若い燕《つばめ》にしたジョルジュ・サンドはフランスの作家であるが、男装の麗人で、名もジョルジュと男名にした。本名はオーロール・デュパンである。男性で女装をするのは女形（おやま）であるが、これは小山二郎三郎という人形遣《つか》いが女の姿の操り人形を遣《つか》ったことによる。こういう場合、女の姿になる男性は体格が女じみていることがあり、男女アンドロギニア、女男ギナンドリアといわれ、アンドロスは男、ギーネーは女のことである。男の同性愛で、女の姿をとり、女の役をするゲイボーイもこれに入ろう。

ホモセクシュアリティのホモは同じということ、ラテン語のホモは人間（ホモ・サピエンス）で、ギリシア語のホモは同じということである。空の神ウラノスと地の神ガイアの間に生まれたクロノスは、人にそそのかされて父の性器を切り、その精液が海にこぼれて泡（アフロス）となり、これが母なしに生まれたアフロジテ（ヴィーナス）という女神で、この女神に息を吹きかけられると、男が男に接近するようになるので、男の同性愛となり、アフロジテ・ウラニアからウラニズムというと男の同性愛ということになる。またレスボス島にサッフォーという女詩人がいて（紀元前六〇〇年）、男ぎらいで、女の侍女と同性愛関係にあったというので、女の同性愛をサフィズムといい、また島の名からレスボス愛ともいう。それで女の同性愛者をレスビアンという。同性愛でも精神的なものはギリシアの哲学者が重んじた。性愛の方法としては、手による相互オナニー、フェラチオ、肛門を用いるもの、単に抱き合いキスするだけのものなどがある。

元来同性愛を好むものと、異性を得られぬため止やむをえず同性愛を行うものとがある。女性には、異性愛と同性愛の両方を行えるものもある。男性で相手が同性の子どもであるならペデラスティ（エラストス、愛する人）という。ペドは子ども、ペディアトリーは小児医学、オルトペディーは子どもを正しくする意味で、子どもの骨の曲がりをなおす整形外科、ペダゴギーは教育学で、子どもを導く（アゴー）ことである。ペドフィリアというと子どもを好むことで、やはり児童愛である。子どもは性的にまだ分化していないので、子どもを対象とする同性愛は異性愛の色彩をいくらか含もう。

わが国にも昔からペドフィリアがあり、稚児《ちご》とか若衆《わかしゅう》というのが対象で、これを行うことを若衆道、若道、衆道などと呼んだ。ゲイボーイのようなものは男娼と言い、売淫のようなことをして陰間《かげま》といわれたが、これは若衆歌舞伎の役者になる前に芸を仕込まれている少年が、陰の存在で陰子《かげこ》と呼ばれている間に、アルバイトに男色を売ったものである。陰間茶屋《かげまぢゃや》という遊女屋のようなものが、たとえば湯島にあった。武士などもかよって行って、まるで男女間のように相手に貞節をつくしたもので、念者（男色者のこと）と稚児の関係を菊花の契りなどと言ったが、菊花というのは黄門のことである。西洋でもオスカー・ワイルドが貴族の子弟を集めて性行為があったため入獄したことがある。アンドレ・ジイドの『背徳者』にも出てくるが、トマス・マンの『ヴェニスに死す』もやはりこういう傾向を描いている。ペドフィリアの概念を拡張しすぎると、子どもが好きで教育者になる人は元来その傾向があるのだということになる。耄碌《もうろく》した老人が幼い子どもに手を出すことがある。ペドフィリアの逆のゲロントフィリア（ゲロンは老人）では、老人に対してしか性欲が起こらない若い人のことであるが、平生見かけることはあまりない。

ゾーフィリア（ゾーは動物）は、家畜、犬、鶏などを用いる性交で、このような見せ物もある。ソドミアともいわれ、ソドムは旧約聖書に出てくる悪徳の町である。男のホモセクシュアリティもソドミアといわれることがある。神話、聖書、祝詞などにも出てくるところをみると、太古から行われたものらしい。もちろん行ってはいけない悪事として禁止する意味で述べてある。

ネクロフィリアでは、ネクロというのは屍体のことで、屍体と性交したり、切ったり、体腔を露出してオナニーを行ったり、屍体の性器を切り取って、もてあそんだりする。屍体を食ってしまうのはヴァンピリズムというが、ヴァンパイアというのは吸血鬼のことである。この場合は食欲よりも性欲に関係している。墓を掘って屍体を食うというようなことが伝説にあるが、実際に行われることもあるという。強姦殺人者では、殺人を行ってから性交するものもあり、これはネクロフィリアとサディズムの合併したものである。

生命のない彫像に対する性欲はピグマリオニズムといわれる。ピグマリオンは、ギリシア神話では、キプロスの王であったが、彫刻が上手で、象牙で娘の像を彫って、それに惚れてしまい、ヴィーナスの女神に願ってそれに生命を与えてもらい、結婚したという。わが国でも観音像と性交する昔の説話がある。説話には蛇と婚《くなが》う話もあるが、これは蛇のほうが人に惚れるのであって、くなぐとはフィッケンのことで、くねらし動かすことである。また瓜に孔をあけて婚《くなが》って、その瓜をある娘が食べたら妊娠したというような話も載っている。昔から異常者が多かったのであろう。

インセストは、チェーストでない、純潔でないという意味であるが、近親相姦のことである。これは世間にいくらもあることらしい。遺伝学的に悪い子孫ができる可能性が多いほかに害はないが、昔から禁ぜられていて、祝詞にも「己《おの》が母犯せる罪、己が子犯せる罪、畜犯せる罪、その他諸々《もろもろ》の罪を祓《はら》ひたまひ、清めたまふことを諸々にきこしめせと宣《の》る」としてあるところをみると、母子間の近親姦がよくあったのであろう。西洋でも暴君ネロは母のアグリッピーナと交り、あとで母を殺してしまったという。クレオパトラも弟と結婚した。聖書では、アブラハムの孫ロトが、悪徳のために神に滅ぼされたソドムの町から逃れ、荒野の洞穴に二人の娘と住んでいると、娘たちが相談して、ここには他に男がいないから、父によって子を作ろうと、父を酒に酔わせて、その隙に交わって子を産んだとしてある。

ギリシア神話の有名なエディプスも、母子相姦で、テーベ王ライオスは、子の産まれる前にドドナの神木の葉の音からゼウスの神託《オラクル》を聞くと、生まれる子は父を殺し母と結婚して王になるとの予言であった。それで、この子を山中に棄てさせたが、隣国のコリントの王の臣が見つけた。この子は棄てられたときに足（ポウス）にピンが刺してあって腫れて（オイデス）いたので腫れ足、オイディポス、エディプスと名づけられ、王に子がなかったので養子にした。成人して修行に出たが、父と知らずにライオスに遭《あ》い、狭い道で、道をあけよと言われて憤慨して父を殺してしまった。テーベではこのとき、スフィンクスに苦しめられ、通行者に謎を出して解けぬと食ってしまった。エディプスがこの謎を解くと、スフィンクスは死んでしまい、未亡人の妃（実は母）と結婚して王となり、二男二女が生まれたが、のちに己の素姓が明らかになり、エディプスは目を突いて盲《めくら》になり、母にして妻なるイスカリオテは縊《くび》れて死んだ。エディプスは放浪の身となったが、娘のアンチゴーネが付き添い、平和に世を去った。

これは近親相姦とはいえ、母子相互に相手をそうと知らずに結婚したので、本当の意味のインセストには入るまい。フロイトはこの神話から有名なエディプス・コンプレックスを案出したのであって、誰でも男の子は幼いときに父を憎み母を愛する気持ちがあり、成人すると、それは無意識の中に隠れてしまい、これをコンプレックスというが、このものがときどき頭をもたげていたずらするとノイローゼになるのであるという。わが国ならば源氏物語の、源氏の君の母桐壺が死んで、よく似た〔父の〕後妻の藤壺と、もののまぎれに交わって帝を生んでしまう。また源氏の君の愛妻の紫の上は藤壺の遠縁で、よく似た女の子であった。真の母子相姦ではないが、源氏は意識しているので、この方がエディプス・コンプレックスには合う。

古事記によれば、允恭《いんきょう》天皇の息子に木梨の軽《かる》の王《みこ》、娘に軽《かる》の大郎女《おおいらつめ》（衣通郎女《そとおしのいらつめ》）があり、衣通郎女は体の光が衣を通って出るほどの美人であったが、軽王は帝の死後、後継者となるところを、まだ位につかぬうちに妹と奸《たわ》けて（姦淫して）、

地下を流れる水のように
そっと私に思いをよせ
しのび泣いているわが妹《いも》よ
ゆうべは肌を合わせたね
いとしの妻と寝たならば
一度寝たこと人々が
何と言おうとかまわない
乱れるかぎり乱れよう
あとは野となれ山となれ

のである。

と歌ったので、人々はこの皇子を見限って、弟の穴穂皇子に付いてしまい、兄弟の間に戦争が起こったが、弟は兄を捕らえて、自分は安康天皇となり、兄は流刑になって死んだ。遺伝学など知らない太古からインセストは禁じられていたのであるから不思議なものである。

エクシビショニズム。エクシビジョンとは公に展示することで、展覧会のこともいうが、ここでは、他人に自分の性器を露出して見せて、自らも性的に興奮し射出に及ぶもので、相手が興奮しなくてもかまわないのである。こういうことは、男の成人や老人が子どもの前でやることがあるし、また女のストリッパーは、恥をしのんで泣く泣くやるのではなくて、行って自らも興奮、満足するものもある。

これと反対に、他人の性器や裸体を眺めて性的満足を得るのはヴォワユリズム、覗《のぞ》き症といわれる。ヴォワールはフランス語で見ること、ヴォワユールは見る人である。便所や浴場を覗《のぞ》く者がよくある。昔のデバカメは出っ歯の亀さんという男が浴場覗きをやっていて捕まって有名になったものである。古事記にも、男の神様が惚れた女の神様がカワヤ（昔は川の上に小屋を作って便所にした。水洗便所である）で排尿しているところへ、赤い矢に化けて流れていって覗いたとしてある。

他人の性行為を覗くのはミクソスコピア（ミクソというのは性交）といわれる。公衆便所の壁などに性器の絵を描く者が多いが、これは実行しえない空想上のエクシビショニズムかヴォワユリズムで、ポルノグラフィーである。さらに観念的なものは小説に書いたり、それを読んだりするものである。ポルネーとは売春婦のことである。精神分析の医者や心理学者も、本尊フロイトの説の通り、患者の性生活を詳細に掘り出し、患者自身は何とも思っていない行動にまで性的意味を付けて解釈するのは、ヴォワユリズムやポルノグラフィーと異なるところはないといわれる。

フロイトを精神分析した人のフロイトの幼時の性的体験を見ると、次のようになっている。幼時フロイトは父を憎み母を愛していた。母はジークムント・フロイトが将来偉くなると大きな期待をかけていたが、父はジークムントをけなすことが多かった。家はそう豊かではなく、狭い所に住んでいたので、ジークムントは父母の寝室の隣の部屋に寝ており、夜に父と母がパパママネエするのも覗いていた。フロイトの説によると、これをプライマリー・シーン、原光景といって、あとで意識の底に沈んでコンプレックスになる。あるときジークムントはパパママネエの最中に飛び込んで父と母の間に入った上に、尿を放出してしまった。これは射精のイミテーションで、子どもはまだ射精はできぬので、射尿したのである。父は、お前は碌なものにならぬと罵ったが、母はやさしく床につれていった。父は叱るときに、よくチンポを切っちゃうぞと脅した。ユダヤ人なので幼時に割礼を受けていたろう。こういう自分の経験から幼児性欲、去勢コンプレックス、エディプス・コンプレックスなどの精神分析の理論を作り出したのである。フロイトは品行方正、行状に非難されるところがなく、ずいぶんあぶなっかしい女の弟子なども近づいた。たとえばニーチェの恋人であり、リルケとも同棲して妖婦の悪名高かった才女ルー・サロメと親しくなっても、決して人からとやかく言われる隙がないように振る舞った。しかしフロイトは、己の性欲を性欲説という優れた学説として発散させたのである。すなわち甚だうまく昇華させたわけである。こういう芸当のできる人はそういないので、やはりフロイトは、母が期待した通りの天才なのである。ポルノ小説で金もうけのうまい作家もフロイトの亜流なのであろう。フロイトにはヴォワイユリズム〔Voyeurism 窃視症〕の性質とエクシビショニズム〔Exhibitionism 露出症〕の性質と両方あったわけで、これが天才を作ったことになる。

サディズムは、サド侯爵（マルキ・ド・サド）から来た言葉で、サドは十八世紀の中頃から十九世紀の初め、すなわちフランス革命の前中後に生きた貴族である。フランスのプロヴァンスに住み、軍人となり、夫人は美しい淑《しと》やかな、彼の著書のジュスチーヌの原型であったが、サドは放蕩者で、娼家に迫《せ》り込んだり、女優を館《やかた》に引き入れたり、妻の妹とも関係し、著書にはジュリエットとして書かれている。その間に商家の寡婦を誘惑して裸にし、出血するまで鞭《むち》打ったり、娼婦に性欲昂進剤カンタリジンを与えて分量が過ぎて殺してしまったり、ソドミアを行ったりして、刑を受けたこともあったが、パリの郊外で舞踏会の後、婦人を切って気絶せしめたので入獄させられ、バスチーユに移されたが、頭がおかしいとして精神病院のシャラントンに入れられた。しかし折よく革命が起こって放免され、時流にうまく乗って、革命のデマゴーグとして活動し、ロベスピエールやマラーのときにはうまくやって著書を出した（『ジュスチーヌとジュリエット』）。この本には「徳の不幸と悪徳の繁栄」というような怪しからぬ副題が付けられ、この中にサディズムの光景が描かれている。この本は、次に出たボナパルト（ナポレオン）のときに没収され、サドは死ぬまで精神病院に入れられていたが、院内では上品に振る舞い、書いたり猥談《わいだん》をしたりしていた。

マゾヒズムのザッハー＝マゾッホは十九世紀中葉の人で、やはり貴族の出身。柔弱な少年として威張り屋の乳母に養育され、グラーツ大学を出た。妻のアンナは年上で亭主を尻に敷く性であり、別れて再婚し、また別れて三婚し、三回目の結婚後はかなりうまくいった。作家としては、女は残酷で、男は柔弱なものとして描かれ、『毛皮に包まれたヴィーナス』というのは、わが国にも訳されている〔邦訳『毛皮を着たヴィーナス』〕。

サディズムは異性、人間一般、または獣に残酷な行いをして性欲の満足を得、マゾヒズムは異性から残酷に扱われて性欲の満足を得るのである。こういうものをアルゴラグニアというが、アルゴは痛み、ラグニアは性的快感で、加虐愛、被虐愛といわれる。正常範囲でも嚙んだり抓《つね》ったりすることが多い。サディストは性生活以外でも残酷で、利己的で、良心のないことが多い。兵士や教師にもこういう人がよくいる。縛ったり、鞭打ったり、刺傷を負わせたり、叩いたりすることが多い。まちがって殺してしまうことがある。女性に汚い物、尿、硫酸、インクをひっかける者もあり、こういうときに、射精が同時に起こる。

サディズムを実行せずに空想だけで楽しむ者もある。オナニーも手を用いずに空想だけで行う者があるのと同じである。マゾヒズムはこれと逆で、切られ、鞭打たれ、縄で縛り上げられ、蹴とばされ、相手の糞尿を食って、性欲を満足させる。もちろん空想だけで済ます者もあり、文章に書いて満足する者もある。谷崎潤一郎には、そういう作品がよくある。セクシャル・ハラスメントのさわり魔はフロトゥール（フリクト、こする）という。

生徒をいじめる教師はサディズムの傾向があるとされる。ルソーは少年時代、女の先生に打たれて快感を得たというから、マゾヒズムの傾向があったのであろう。ローマ時代には、奴隷を縛っておいて、己の性行為を見せて喜んだ貴族がいたが、これは精神的サディズムであろう。インセストのところでネロのことが出たが、多くの人を惨殺したのでサディズム的なところもあるわけであるものの、普通サディズムと言うときには、性的な相手を痛い目にあわせ、同時に性的満足を感じるもので、人をいじめて喜ぶだけのことではあるまい。サディズムの人とマゾヒズムの人と一緒にいれば、めでたしめでたしである。三島由紀夫にはホモとマゾヒズムの傾向があったようで（『仮面の告白』）、腹を切ったのもそういう傾向なのだろうか。

ある男児は十歳のとき自分の指を傷つけて血が流れるのを見て喜び、たびたび指をわざと切った。その後、お手伝いさんが指を切って血を流したのを見て勃起した。自慰するときには、いつも女が血を流しているのを想像した。若い女を傷つけて血を流させたい欲望を生じた。結婚してからも、指から出血する所を想像しつつ性交しなければならなかった。空想では、自分が大将になって戦争をし、敵の都市を陥落させて、若い女を辱しめたり、虐殺したりすることを楽しんだ。

女性刺傷を行ったある青年は、若い美しい娘を刺して、実際負傷したことが認められた場合、射精が起こって快適な気分であった。また自分の切った娘との色情的な夢と共に遺精が起こった。

ある若者は、街で白い着物を着た女性を見るとインキで汚してやりたくなり、実際それを行えば満足し、自慰もそういう光景を想像して行った。女の着物に染《し》みがつくのが見えると射精が起こった。

ある青年は、小学校で先生が他の児童を竹棒で打つのを見て喜び、自慰をするようになってからは、それを追想しつつ行った。また他の児童を裸にし、自分も裸になるような空想を楽しんだ。

ある青年は、坂道を重い車を引いてあえぎながら上ってくる馬を、馬引きが鞭打つのを見て性的快感を起こし、ついに馬が倒れたときに射精が起こった。また、こういう場面をよく探して回ったこともあった。

ある中年の男性は、子どものときから親や先生に打たれるときに快感を得て、自ら自分を打つこともあったが、このときはそう快感はなかった。自慰は、自分が強い友人に、ことに強い女子に鞭打たれる光景を想像しつつ行った。お伽噺《とぎばなし》の美しい王女の小姓になって叱られている自分を空想して楽しんだ。また十五歳のとき、友人の娘の足を飼犬が舐《な》めているのを見て勃起を経験し、ときどき犬に娘の足を舐めさせて楽しんだ。その後、自分が娘の足を舐めるのを想像して自慰を行った。陰部には興味がなかった。娼婦の所へ行っても足を舐めないと性交ができなかった。汚い足はかえって興奮を強めた。

＊

異常性欲の諸相は、軽い程度ならば、誰にでもそのきざしはあるし、子どもにも類似のものが見られ、幼児は、性の対象はなくても、快不快の感情、口に何かを含み、物に触れ、己の性器をいじることに快感があるように見えるので、こういうものを幼児の性欲の現れと見ることもできよう。少年少女にもオナニー、ナルシシズム、ホモセクシュアリティ、インセスト、エクシビショニズム、ヴォワイユリズム、サディズムの傾向を見つけようとすればいくらも見つけうる。

このような種々の段階を、本来の性欲、すなわち異性と交って子孫を作るに至るまでの不完全・未発達の状態と見ることもでき、異常性欲は発育不全の姿と見ることもでき、また十分発育したものの退化とも見ることができる。

食欲の異常は、性欲に比して異常といわれるものは少なく、種々の病気のときに食欲をひどく失うことがあり、甚だしいときには生命を保てなくなる。胃や腸や内分泌などの病気のときに食欲がなくなるのは、消化、吸収、体内での利用ができないためのこともあるし、病気の毒素のために脳の食欲を司《つかさど》る中枢が故障を起こすためのこともある。食欲、性欲には脳の中心部にその中枢と見られる箇所があって、そこを刺激したり破壊したりすると、これらの欲望が増したり減ったりすることがある。また内分泌の病気で何かのホルモン（脳下垂体や膵臓から分泌されるもの）が欠乏すると、ひどく太ったり痩せたりすることがある。全く精神的にも身体的にも何の病気もなさそうなのに食欲が消えるのには、神経性アノレクシア（アンは無いこと、オレクスは欲求すること）、あるいは思春期痩《や》せ症〔神経性やせ症／拒食症（神経性無食欲症）〕というのがあり、全く食べられず、痩せ、月経が止まり、便秘し、体温、血圧、脈拍が減り、嘔吐するが、それでいて活動性があって、じっとしていられない。多くは二十歳前後の少女で、死亡してしまう者もある。おとなになることへの拒否、妊娠したくないことへの願望のコンプレックスがあると言われる。これと逆に、中年になってから食欲がひどく増し、肥満するブリミア（ブーは牛、リムは食欲）〔神経性過食症／過食症（神経性大食症）〕というものもある。ひどく食べて、腹一杯になると嘔吐してまた食べる。もちろん、これも体に害がある。

ドイツ人にはビールをひどく多く飲む人があり、習慣かもしれない。むかし私が高校（旧制）の頃、ドイツ人の先生がいて、その家へ遊びに行くと、いくらでもビールを飲ませ、もう酔って飲めぬと言うと、ドイツ人は決して酔ったとは言わない。飲めなくなったらトイレへ行って吐いてきて、また飲むのが礼儀だと言ったが、食べることにおいても、そういう習慣があるのであろうか。

神経性アノレクシアでも、少しも食べずに痩せるのに、なかなか体力を失わないので、ひそかに見ていると、夜中に起き出して、台所で戸棚から食物を探し出して、人に見られぬように食べていたなどということもある。こういうものは、食べられぬことを人に見せつける何らかの願望が隠れているのであろう。一種のノイローゼである。

猿の側頭脳の奥の方を壊《こわ》すと、食欲と性欲の抑えが利かなくなるが、人間でも同じことが見られ、クリューヴァーービューシー症状群〔または、症候群〕といわれるが、これは脳病によるものである。

妊婦が妙な物（梅干、土、針、毛）を食べたくなるのはピカ、異食といわれる。ピカとはカササギのことで、カササギは何でも食べるからである。妊婦でなくても消化されない物をたくさん食べて、胃にたまって手術で取り出されることがまれにある。

偏食は特に異常とか病的というほどのこともない。偏食は不可とされ、何でも食べる人は可とされるが、これを性欲に置き換えてみると、ある種の対象のみに性欲が起こり、他の対象には起こらないというのと、何にでも性欲が起こるというのが、おかしいかどうか、自分の好きな異性のみが好きで、あとはだめであるというのが、おかしいのかどうかということになり、いずれにしても習慣、風習、理由のわからない個々の人の好みや癖ということになるので、善《よ》いとか悪いとかいうことでもあるまい。

フロイトの精神分析には変態性欲が広く取り入れられていて、幼児が乳を吸うのは口腔愛で、フェラチオ、クニリングスのようなもの、用便は肛門愛のようなもので、稚児的なもの、児童、少年のときには、オナニー、同性愛、サディズム、マゾヒズム、エクシビショニズムやヴォワイユリズムもあり、最後にいわゆる正常の共行に入るのであって、ノイローゼになると、これが退化逆行する形の症状が起こるから、変態者はノイローゼか発達不良で、まだ充分に共行時期に達していないものだと考えるのである。

漱石と藤村の異常心理分析

ある作家の作品を見ると何か異常な特徴に気がつくことがある。これはその作家の性格の異常性によるのだが、ここでは精神現象発生の二つの見方によって、夏目漱石と島崎藤村とを心理分析してみようというのである。そのための材料は作品だけではだめで、それと共に他人の詳しい観察記録が必要である。外国の作家や芸術家については、よくこのような研究があり、ストリンドベリ、ヴァン・ゴッホ、ヘルダーリンは精神分裂病〔統合失調症〕であり、ニーチェ、モーパッサンは脳の梅毒性疾患であり、ドストエフスキーはてんかんであったことが証明されている。

＊

漱石の作品を見ると『猫』『坊ちゃん』のように朗らかで多弁で皮肉なもの、『草枕』のような人生を逃避した浪漫的なもの、『坑夫』『三四郎』『それから』『門』などの自然主義的なもの、『行人』『心』などの理想的論理的なもの、『道草』『明暗』などの現実的行動的なもの、というように描写も文章も人生観もちがったものがある。人間の性格を分裂性格と循環（躁鬱）性格とに分けて見ると、前者は冷たい、ひねくれた、皮肉な、邪推深い、夢想的、哲学的な人であり、後者は温かい、素朴な、自然な、おしゃべりな、現実的な人である。漱石にはこの二つの傾向が混じっていて、ある時は一方がよけい目立っている。シラーはナイーヴな作家とセンチメンターリッシュな作家と言ったが、これは循環性と分裂性とにあたる。漱石は一生に何回か「神経衰弱」になった。三十六、七歳の神経衰弱のすぐ後では『坊ちゃん』『草枕』などの分裂的色彩も濃いが循環的色彩も濃いものが出、その後『坑夫』から『門』にいたる循環性のものが出ている。四十六、七歳の「神経衰弱」の後に『行人』『心』の分裂性のものが出、そのあと『道草』『明暗』の循環性のものが出ている。この「神経衰弱」とはいったい何であったろうか。

漱石は一生に四回「神経衰弱」になった。第二回は二十七、八歳頃である。第二回のときには妄想があり、目を病んで医者へ行き、一人の娘を見て欲しく思ったが、何か意地でもらわず松山へ行った。そのとき、娘の母が執念深くまわし者をつけたと思ったり、自分に縁談があったのにそれを断ったと父兄に対して怒った。このとき、東京大学精神科の呉教授も診察し、追跡妄想があると言った。松山では宿の者がまわし者に見えた。

第三回はロンドンに行って帰る年の春、頭が悪くなったと悲観し、文部省〔現文部科学省〕に白紙の報告書を送り、部屋に閉じこもって悲観して泣いていた。妄想もあり、下宿のおかみが陰で悪口を言う。つけねらい、監視している。自分は頭の調子が変になり自信を失っているのに、人はいじめるので腹が立つ。日本へ帰って三、四日して、娘が座っている前の火鉢に五厘銭があったのを見て急に娘を殴った。それはロンドンで物もらいに一文やったが下宿へ帰って便所に入ると窓に一文銭が乗っているので、下宿のおかみが自分のあとをつけて探偵のようなまねをしていることを見せつけるためにやったのだと思った。ところが日本へ帰っても娘がそんなことをやって当てつけて怪しからぬという関係妄想である。学校に勤めてはいたが、癇癪《かんしゃく》を起こし、わけもなく怒り、お手伝いさんを追い出し、妻にあたった。呉教授は精神分裂病（その頃は早発性痴呆）とした。何事も悪意に取り、乱暴し、物を投げ、夜中に庭へ飛び出す。前の下宿の書生が自分の噂をし、大声で本を読んだり話をしたりしているのが自分の噂に聞こえる。学校へ行くとき偶然一緒になると自分を探偵していると思い、その学生に向かってあらかじめ今日は何時に出かけるぞと怒鳴ってやる。自分では周囲の者はみな狂人だから自分も狂人のまねをすると言う。

第四回のは軽く、お手伝いさんの様子が変だと独り言を言い、お手伝いさんが何も言わないのに、そんなことを言わないでくれとか、妻にあんなことを言わせては困ると言う。子どもが笑うと自分のことを笑うと言って叱る。小宮豊隆氏〔漱石の門下生〕が妻に電話をかけると、自分で出て、人の女房を呼んで何だと怒る（嫉妬妄想）。

このような漱石を見ると、われわれは精神分裂病で妄想があるものと思うが、この状態は何の痕跡も残さず快癒している。その経過から見ると、だいたい九年を周期とする発病を示し、分裂病性妄想と悲観や活動能力減少の時期が過ぎると非常に調子がよく朗らかになり、しかし同時に皮肉になり、俳句でも小説でも一気に書いてしまう。そのうちにもっと落ち着いた静かな日が来て、じっくりと自然主義的大作を書くようになる。『坊ちゃん』『草枕』などは短日月のうちに流れるように淀みなく書かれ、奔放で奇想天外で、おしゃべりで愉快そうだが、真の快活ではなく、皮肉で激越で緊張していて、躁病だが分裂性のところがある。『行人』『心』では分裂性のところは理想性、懐疑性に現れている。『三四郎』から『門』『道草』『明暗』は静穏な、じっくり落ち着いた循環性のところが主である。

第一回の発病は、九年ごとの発病を考えると、成立学舎〔今日の予備校の形態をとった教育機関〕時代である。これは漱石の彷徨の時代で、この間に不明の退嬰的態度の時代があり、予備門〔第一高等中学校（のちの第一高等学校）の前身〕に入ってから落第した時代である。漱石は知の作家で、優等生であり、大学教授的であったのに、落第するとは妙なことである。母の死によるショックと人は言うが、それもおかしい。漱石の「神経衰弱」は英国留学とか妻のヒステリーによるとよく人は言う。しかし漱石ほどの人が、母が死んで一年も二年も悲しみ、学校も落第するとは考えられず、英国に留学して神経衰弱になるほど気の弱い人とも考えられず、妻のヒステリーで妙な妄想を起こすと考える方が妙である。だから漱石の精神病は周期的に起こるもので、妄想もあり、憂うつな無気力と爽快な活動性を示すものということになる。これは精神分裂病と躁鬱病との合併というような精神病で、このために漱石独特の作品が生まれたことは、作品にこの病気の症状がはっきり反映していることからわかる。この病気は全く生物学的なもので遺伝的体質的なものと考えられる。

こういうようなことを言うと漱石の価値を下げるように一般に思われるので困る。決してそんなことはない。天才というものは、このような異常性の上に生まれる。漱石が精神病であったことを否定して、英国へ留学して「神経衰弱」になったり、妻のヒステリーのため「神経衰弱」になったりするなら、そのへんにざらにある、気の弱い、いくじのない男性とちがうところはなくなってしまう。われわれから見ると、そんなことを言って漱石を弁解する人の方が漱石をけなしていることになる。漱石は精神分裂病の傾向のある躁鬱病であったのだ。大ざっぱにいうと、むしろ躁鬱病的・循環的である。この点、森鷗外とは逆で、鷗外の彫刻のような作品は分裂性だし、漱石の華やかな絵画的な作品は循環的である。鷗外が軍医をやりながら『即興詩人』を書いたのは、ほんとうに分裂している。漱石は大学の先生をやりながら小説を書くこともできず、大学の先生をやめてしまったのである。

*

藤村については、漱石とは逆に精神分析をやってみる。こうしてまた自然科学的な見方と心理的な見方の差を示すわけである。藤村を生物学的に見れば、彼の父は精神分裂病であり、姉もそうであった。彼の同胞はいずれも分裂性格であり、彼自身非常にそうであったことはいうまでもない。しかしここでは別の見地から心理分析をしてみる。

藤村の作品を見て感ずるのは、父への強いあこがれと、それに反して、母は作品の中に現れても影のような色彩のない存在であることである。それから第三児のこともほとんど描かれていない。また妻の死後の長いやもめ生活に対して、女性への復讐というような、大げさな意味ありげな表現をなぜ用いたのか、『新生』の事件が起こった深いモティーフはいったい何なのか。このようなことを一連の関連を持たせて眺めてみる。

彼の第三兄友弥は幼時から親に似ない、勉強嫌いの放逸者であり、父はひどくまじめな学者肌の人であったから「俺の子ではないような奴だ」と言っていた。藤村より三歳年長であったが、学校で友弥は弟の藤村に追い越されてしまった。学校が嫌いでやめてしまい、商店の小僧になったが、まもなく飛び出し、家とは音信不通で、ふしだらな生活をし、病気になって長兄の所へ寄食〔いそうろう〕するようになり、仕事もできず、ぶらぶらしており、後に失明して死んだ。『春』では、藤村は、この兄を兄弟の中でいちばん話のわかる気の毒な人間として描いているが、ごく簡単にしか述べていない。彼の数奇な生涯は、いくらも小説の材料になりそうなものであるが、彼らしいものが主人公になっているのは短編『うたたね』の小六ぐらいのものであり、この小六が父に殺されることになるのは、後に述べる理由により、非常に象徴的である。『春』では藤村とよそ気の合わない次兄広助の方がくわしく描き出されているくらいで、友弥のことには僅かしか触れていないのは妙なことだ。

父正樹は友弥のことを「俺の子でないような奴だ」と言ったが、一見冗談のようで、実はもっと深いものがあるのである。すなわち友弥は正樹の子ではなかったのである。正樹の上京中にその妻縫と馬籠《まごめ》〔島崎藤村の出生地〕の稲葉屋の主人の間に生まれた子であったのだ。藤村はこのことを知っていたかどうかわからないが、おそらく知っていたのであろう。しかし彼はこのようなことを明らさまに小説に書くことはできない人だった。しかし心の中ではおそらくこだわっていた。それが母と三兄を小説の中で活躍させることを阻止してしまったのである。藤村の作品の中には何かが隠れているのではないかとの思わせぶりなところがよくある。素直でない衒《てら》ったようなところがある。しかし実際は何かを隠しているために、そのような表現を取ることがある。たとえば『家』を見ると、藤村が嫂《あによめ》（長兄の）に宗さん（友弥のこと）を引き取って世話をしたら経済的ではないかと言うと、嫂は「まっぴら、宗さんと一緒に住むのは死んでもごめんだ」と言う。なぜこんな大げさな言い方をするのだろう。嫂の娘のお俊は「宗叔父さんと一緒に住むのはお断りいたしますと口惜しそうに言った」のである。そして「叔父の心は姪に分からず、姪の心は叔父に分からなかった」としてある。この文章は妙で、『家』を読んでいても何のことやらわからない。

しかし、次の事実を知っていればよくわかる。嫂は友弥を病気の厄介者として嫌っていたのみではない。藤村の長兄は事業の失敗で刑を受ける身になったが、その留守中、友弥は嫂の所へ夜な夜な忍び入ろうとしたので、嫂は年端もゆかぬ娘を助けに呼んだこともあるほどであり、夫が帰ったときには気がゆるんで失神してしまったほどであった。

このようなことがわかっていれば『家』の文章は何の奇妙なこともないのだが、藤村はこのような「家の不名誉」は隠したのである。しかしそれは無意識に働いてあんな妙な文章にしてしまったのである。藤村はかなり体裁をつくろう人間だが、母のこのような不行跡をあらかさまに非難することはできなかったにしても、ひそかには非難していたのであろう。そのため母のことは作品にほとんど登場せしめず疎外してしまった。それに対し父に対するひそかなあわれみは父に対するあこがれというひどい同情となった。これは『夜明け前』で頂点に達しているが、若い頃の作品にもいくらもそれが現れている。初期における小説には妻の不貞がよく取り扱われている。藤村の妻への理由のない嫉妬、女性への不信、女性への復讐というのは、『家』や『新生』からは何のことやらわからないが、その根本は母への隠れている不信の現れとすれば、了解されるのである。父正樹の発狂も妻の不義に対する煩悶の爆発と見られる。座敷牢の中で「きりぎりすなくや霜夜のさむしろにころもかたしきひとりかもねむ」と言いつづけたのは妻に去られた孤独な夫のシンボルなのである。しかし一般には『夜明け前』の主人公の発狂は時代の流れと自己の理想とのくいちがいの煩悶によると解される。自然科学的には遺伝的体質的精神病の発病と見られる。藤村は、父も姉も、何か本人あるいはつれあいの不身持から、悪い病気（梅毒）にうつったためのものと書いているが、これはまちがいである。

藤村はなぜ『新生』のような事件を起こしたのか。芸者とも遊べないような気弱な性格が遂に姪とのまちがいを起こしてしまった、とその作品からは見られる。しかし精神分析派の人なら、こう言うであろう。人間にはエディプス・コンプレックスというものがある。すなわち異性の親に対するあこがれである。藤村では、しかし母は、その不道徳のためひそかに憎まれ、かえって父にあこがれを見いだした。しかしこれは不自然なことである。血族の中の異性へのあこがれを藤村は代償として姪に見いだしたのだ。ゆえに『新生』の事件は起こるべくして起こったのであり、心理的に説明のつくことであるわけである。

山頭火と大川周明——その精神異常と天才性

種田山頭火《たねださんとうか》は世を棄てた乞食坊主の非定型俳句の俳人であり、大川周明《かねあき》は昭和初期の日本国家主義の理論的指導者であるから、この二人を対立させるのはおかしいようであるが、社会に対する態度から見ると、一方は社会を逃げ出そう、棄て去ろうとする人間であり、もう一方は社会を変革しよう、自分のよしとする社会を作ろうとするのであるから、社会に対するマイナスとプラスの正反対の態度という点で共通点があるわけである。

山頭火は一八八一年（明治十四年）山口県に生まれ、名は正一といった。山頭火というペンネームは、九星暦《きゅうせいれき》に出ている人間の運勢や吉凶の占いに用いる表から出ており、十干《かん》・十二支《し》と五行《ぎょう》（木・火・土・金・水）の循環を組み合わせたものを用い、高島暦など見ると書いてあり、その中で甲戌《きのえいぬ》と乙亥《きのとい》が火で山頭であるとしてあり、山頭火とは物を焼き尽くす力のない火気のことだと説明してある。すなわち「きのえいぬ」か「きのとゐ」の生まれで火の性質があると占えるとでもいうのか、あるいは、自由律非定型俳句の先生は荻原井泉水《おぎわらせいせんすい》なので、井泉水はやはり暦占いに出てくる言葉なので、それに因《ちな》んで付けたペンネームなのであろう。

山頭火の父は地主で地方の名家であったが、放埒遊蕩の癖があり、妾を蓄えたので、母は山頭火が十一歳のときに井戸に投身自殺をし、七歳下の弟も成人してから自殺した。母の死後、山頭火は祖母に養育され、中学では成績もよく、友人と文芸雑誌を出し、二十歳から俳句を始め、早稲田の文科の予科に入り、二十三歳で本科に進んだ。

郷里では、父は家業に失敗するは、遊蕩に耽るは、というぐあいで、山頭火もぐれて酒を飲むようになり、二十五歳で神経衰弱ということで大学をやめて帰郷し、父と共に家を手放して近所で酒造を営み、二十八歳のとき父のすすめで結婚したが、文学と酒に耽って家業を怠り、父も酒と女に溺れて、やはり怠け者であった。長男が生まれても相変らず酒に溺れ、妻子を棄てて東京へ飛び出してしまうこともあったが、井泉水の雑誌『層雲』に投句するようになった。

山頭火が三十五歳のとき、父の酒造事業も破産してしまい、父は妾と共に他郷に走り、山頭火は熊本の俳友を頼って妻子と共に額縁《がくぶち》屋を開いたが満足な生計を立てられるはずもなく、三十九歳のとき妻に店を委ねて上京、区役所や図書館に勤めたが永続きせず、酒に溺れ、関東大震災に遭《あ》って暮らせなくなり、東京を去って熊本に戻ったが、相変わらず酒に耽り、街の中で酔って電車の前に立ちはだかったりして人目を引いたこともあった。

四十二歳のとき友人の勧《すす》めで曹洞宗の寺に入り、四十四歳で僧になり、観音堂の堂守となったものの、翌年一鉢一笠《いっぱついちりゅう》の行乞《ぎょうこつ》、乞食坊主の漂泊の旅に出た。

山頭火と似た人間に尾崎放哉《ほうさい》があり、やはり井泉水の門下で、一高、東大を出て保険会社の支配人にまでなったが、突然、妻と別れて家出し、満州を放浪、帰国して、やはり乞食坊主となり、方々の寺の堂守となり、最後に小豆島の堂守となり、持病の肺結核のため四十二歳で死んだ（一九二六年＝大正十五年）。このとき山頭火は四十五歳で、行乞の旅に出た年なので、この二人は生前相会したことはなかった。放哉の方が年下であるが、俳句の方では先輩である。放哉の方は今日でいえば蒸発亭主のようなものであるが、山頭火は、もう少し徐々に、じわじわと一人になって放浪の旅に上ったのである。

山頭火は四十五歳から五十九歳まで歩き回るので、現代版『おくのほそみち』のようなものであるが、芭蕉の旅は弟子を連れて余裕があるのに、山頭火の旅は、生活費は門付《かどづけ》〔家の門前に立って芸などをし、金品をもらい受けること〕をして、お経を読んで一銭二銭ともらい、木賃宿に泊まり、酒を飲んで無一文になり、翌日はまた門付をするという、その日暮らしの生活である。歩いた道は、山陽、山陰、四国、九州、京都、名古屋、信州、伊勢、鎌倉、東京、山梨、新潟、北陸、平泉などで、その間に句作をし、土地の俳友と交わり、雑誌に投稿し、句集を出している。彼の行乞というのは、門付をして一晩五十銭の木賃宿に泊まり、旅の軽業師《かるわざし》、飴屋《あめや》、いかけ屋〔鍋ややかんなどの修理をする人〕、あんま師、お遍路さん、野師〔見せものなどの興行をしたり、露店を出したり、場所割りの世話をする人〕と同室してバカ話に加わり、呑み屋に出かけ、巡査に追われるという、飄々とした旅で、米一升十八銭、酒一合十銭という時代であった。托鉢《たくはつ》の鉄鉢《てっぱち》の中には、銭《ぜに》だけでなく、米や焼酎《しょうちゅう》が入れられることもあった。土地の俳友が庵《いおり》を世話してくれることもあったが、間もなく飛び出してしまった。

この汚い乞食坊主の美しい句を見よう。

お正月の鴉《からす》かあかあ
飛んでいっぴき赤蛙《あかがえる》
分け入っても分け入っても青い山
あるけばかっこういそげばかっこう

ほととぎすあすはあの山こえて行かう
掃《は》くほどに散る葉のしづか
うしろすがたのしぐれてゆくか
落ちかかる月を観てゐる一人
ひとりで蚊にくはれてゐる
いつも一人で赤とんぼ
秋空ただよふ雲の一人となる

一人で旅に暮らしていればアルコール中毒でいつ死ぬかわからない。病んでも看取《み》ってくれる人もない。旅はいつも死に面している。悟りを開いたようでも死はやはり気になる。

しぐるるや死なないでゐる
風鈴の鳴るさへ死のしのびよる
どこでも死ねるからだの春風
なかなか死ねない彼岸花さく

年とれば故郷こひしいつくつくぼふし

出家というと日本の隠者のとる形式であるが、われわれに親しい兼好や長明は暢気《のんき》で遊び半分の仏者で、修行に苦しむということはないようであり、山頭火の孤独の飄泊は、孤独に徹した生活に苦しむという一つの苦行のようなものに見え、三回も自殺を企てて死ねなかった。

私と生れたことが秋ふかうなるわたし

そうして長いことさまよって、体ばかりでなく心もさまよい、やっとあるべきものを見いだしたようである。

飯のうまさが青い青空
青葉わけゆく良寛さまも行かしたろ
あるけばきんぽうげすわればきんぽうげ
このみちをたどるほかない草のふかくも

山しづかなれば笠をぬぐ

山頭火には「愚を守る」という言葉がある。「愚に生きるほかなく、愚を生かすほかなし」と言っている。『論語』と『荘子』には楚の接輿《せつよ》の話が出てくる。この隠者は、孔子が誰か話のわかる王を求めて徳政を行わせようと奔走しているのを見て、「鳳《おおとり》よ、お前は聖徳天子の世に出るめでたい鳥なのに、孔子よ、今はお前の出る幕じゃないよ、徳も衰えたものだね、過去もだめだったが、将来も期待できないよ、政治が正しければ仕事もあろうが、不正の政治なら引っ込んで生きているだけ、何かに口を出して罰を受けてはつまらないよ、人に徳を説くとあぶないよ、愚者になりなさい、そうすれば無傷で行けますよ、有用の用でなく、無用の用を知りなさい」と歌った。愚者になるというのは迷陽と言い、無用者に成り切るのである。ちゃんとした仕事をするより、泥にまみれて遊んでいる方がよいのである。

昭和十五年（一九四〇年）九月、金もなく、拾える米もないので、金を借りて酒を一杯二杯ひっかけ、庵に戻ってみると犬が餅をくわえているので、それを頂いて腹のたしにすると、猫が来たので餅を一切れ分けてやった。十月十日、庵で近所の俳友と句会を開き、一杯やって、いい気持ちになって眠ってしまったので、夜中に友人たちはそっと帰った。翌日、友人の一人が訪れると、山頭火は息を引き取っていた。脳出血か心筋硬塞であったのだろう。

人間社会を棄てて、一人になって、じっと自己を見つめ、天地自然と融合して、そこから美しい文学作品を生み出すというのは、昔の中国から日本に伝わっていっそう徹底化された、いかにも日本的な生き方であって、業平、西行、兼好、長明、芭蕉、良寛、中国ならまず陶淵明を思い出すのである。隠者という言葉は古くは『論語』の微子篇に出てくるのであるが、孔子は隠者を非難するのであって、孔子の弟子の子路がある農夫の老人に会うと、お前は孔子を先生、先生と言うが、穀物を作って働きもしないものがどうして先生なのだと言った。子路が孔子にこの話をすると、それは隠者だ、もう一度会ってごらんと言う。子路がまた会いに行くと、もうその老人はおらず、その子どもたちがいるだけであったので、お説教をして、君たちの父が王に仕《つか》えないのは君臣の義を無にするものだ、しかし君たちは父子の義は廃していないだろう、それなら君臣の義も廃してはいけないじゃないか。君の父はその身を潔くしようとして、かえって大倫を乱しているのだ。君主が道を行わないからといって逃げ出すのは、義を捨てているのだと説いた。子路は直情径行で勇を好み、衛の大臣につかえて宰となったが、衛の国王の後継者問題で大臣が不正なことをしたので、これを責めて捕らえられ、刑により殺されて、肉はしおからにされた。子路の先生の孔子は、その後しおからというものを食べなくなった。

隠者の荘子は言う。道の無い天下では聖人は活躍できないから生きているだけでよい。正義を説いて身を危うくしてはつまらない。そういう世の中では迷陽になって、愚者の真似をして身を全うする方がいいのだ。綺麗に飾り立てた犠牲の牛になってはつまらない、泥の中に遊んでいる亀の方がいいのだと。孔子たちは道の無い世の中を正しくしようとして失敗する。荘子たちは、道の無い世の中を正しくしようとして正面からぶつかっていっても、こちらが敗れるだけなので、そういう人たちから、愚者と思われるような生き方をして、バカな狂った世の中からバカだと思われる方が、本当に目醒めた人なのだということを覚《さと》らせようとする。革命家は前者であり、隠者は後者にあたる。

山頭火が近時におけるわが国最後の世捨人ならば、最後の革命家は大川周明《かねあき》であろうか。大川周明は一八八六年（明治十九年）山形県の代々医者の家に生まれた。中学のとき漢学者の家に寄宿して漢文を習い、またカトリック教会のフランス人神父についてフランス語を習い、同時に聖書を読んだ。熊本の五高時代、陽明学を学び、哲学や宗教への関心から一九〇七年（明治四十年）東大印度哲学科に入り、結核で一年間休学したが、マルキシズムも学んだ。また翻訳のアルバイトで陸軍参謀本部に出入りした。大学を卒業してから、日本的キリスト教一派の松村介石の道会に入って活動したが、定職はなくアルバイトをしながら図書館などで勉強を続けた。そのうちにイギリス統治下のインドの悲惨さを知って、仏教などで夢見ていたインドといかに隔絶しているかに驚き、憤り、宗教的哲学的インド研究からヨーロッパ植民史や植民地政策の研究へと方向が変わった。

そのうちインド独立運動の闘士ビハリ・ボースとも偶然知り合い、国家主義者で右翼の頭山満とも親しくなった。この頃、本郷の下宿で広瀬兼子に恋されて同棲したが、大川は同時に別に一室を借りるという変則的な同棲生活で、十年後に正式に結婚した。三十歳頃から文筆活動を始め、三十二歳のときに南満州鉄道株式会社に入り、東亜経済調査局編集課長となり、またこの頃、北一輝と政治結社を作った。北一輝は大正から昭和にかけての国家主義者で、初めは社会主義、清朝から中華民国となった辛亥革命（一九一一年、孫文）のとき奔走、次第に急進的国家主義者となり、右翼の巨頭となり、青年将校に大きな影響を与え、一九三六年（昭和十一年）の二・二六事件の煽動者ということで逮捕され、死刑＝銃殺にされた。

大川は三十四歳のときから拓殖大学の教授を兼ね、植民史、植民政策、東洋事情の講義を行い、右翼の有力者や陸軍省新聞班とも接触ができ、諸大学内にも研究団体を作った。四十歳のとき植民政策の論文で、東大で法学博士の学位を得、満鉄の東亜経済調査局を分離独立させて、その理事長となり、四十五歳のとき、陸軍の軍人と組んで数回、軍部内閣実現のためクーデターを企てたが未遂に終わり、四十六歳のとき（一九三二年、昭和七年）五・一五事件を起こすのに加わった。すなわち陸海軍将校たちと首相犬養毅を暗殺し、政党内閣を否定し、ファシズムへの道を進めようとし、軍縮会議や政府の外交政策に不満を持ち、世界恐慌による不況を他所《よそ》に政争に明け暮れる政党に代わって、農民救済、国防強化のため昭和維新の軍政を立てようとしたのであった。この後、挙国一致内閣として斉藤実内閣ができた。このとき大川は懲役十五年の判決を受け、五年間の刑務所生活を送った。獄中ではヨーロッパ諸国の植民史の研究書を完成した。二・二六事件では皇道派青年将校を煽動した北一輝が死刑になったが、大川はその翌年出獄、大陸に渡った。国家主義、大アジア主義を標榜する右翼の活発な理論家・行動家として軍部とも親しく、太平洋戦争中は『日本二千六百年史』『大東亜新秩序建設』『米英東亜侵略史』などの著書や講演で活躍した。また『回教概論』はわが国には数少ないイスラム教に関する名著である。

敗戦後まもなく巣鴨の刑務所にA級戦犯の疑いで捕らえられ、翌年四月から少々精神的に異常を呈し、五月三日、法廷で東条英機の頭を叩いたことで精神異常者として入院させられ、精神病のため心神喪失者として刑を免除になり、治療の結果、ほとんど全治退院、農村再建のため各地を行脚、一九五七年（昭和三十二年）、行脚中に風邪から心臓発作を起こして十二月二十四日自宅で死去、享年七十一歳であった。

一九四六年（昭和二十一年）五月から始まった極東国際軍事裁判によって、連合軍は戦争犯罪者として七人を絞首刑、十六人を終身禁固刑にし、A級戦犯は軍人や政治家であったが、その中で唯一人、思想運動家として大川が入り、死刑ないし無期刑となると思われていたが、精神病になったために、心神喪失者として刑を免ぜられた。

大川周明は一九四五年（昭和二十年）十二月十二日に入獄、翌年三月から不眠症、体の不調を起こしたが、四月から調子が上がって、書き物に熱中したり、お経をあげたりし、元来の端正さを失って、だらしなくなり、大声を出したり、刑務所の司令官だと威張ったり、マッカーサー元帥に、もっと日本人を可愛がれと手紙を出し、ついに五月三日、法廷で元首相東条英機大将の頭を叩いて、正気を失っているとわかり、精神科に入れられた。

入院時も医者に英語で話しかけ、英語で返事しないと怒って殴りかかった。だいたい機嫌はよく、大声で次から次へと、まとまりのない話をし、逆らうと不機嫌になった。「私はマッカーサーの弟で、キリストの弟だ」「キリストやマホメットの姿が見え、声が聞こえる」「東京とワシントンの間にトンネルがあって一気に行ける」「空気中から栄養を摂れるから食わなくてもいい」「キリストのように水の上を歩ける」「ノーベル賞を三回もらった」「息を吹きかけるだけで人を殺せる」「大正天皇の代わりになって皇太后の婿になる」「マッカーサー夫人が毎日来て世話してくれる、マイボーイといって私を撫でてくれる」「ゆうべマッカーサーと何回楽しみましたかと聞いたら、バッドボーイと叱られた」「マッカーサー夫人は家を百万戸建ててくれるから空襲で焼けても心配ない」と大きな子どもの言うようなでたらめの誇大妄想を次から次へと述べた。

これは、はっきりした脳梅毒の誇大妄想で、重い肺結核もあったが、マラリア療法で一日おきに十回熱を出すと治り、落ち着いたので、一九四六年八月に松沢病院に入れられ、以前の経験を話すようになり、刑務所の中でお経を読んでいるうちに世界の宗教を統一せよとの啓示を受けたり、酒を飲んだようないい気持ちになって、明治天皇、西郷隆盛、キング・エドワード、ウィルソン大統領になったりしたと言った。一九四七年にはいっそう落ち着いて執筆をするようになったが、マホメットの姿が見え、声もして、コーランを研究せよとの命令を受け、読んでみると、今までよりずっとよく分かるようになったと言って、一年半でコーランを全訳し、一九五〇年（昭和二十五年）に出版したが名訳であった。医者は高熱の出る注射をして忘れさせようとしたが、その間、明治天皇とキング・エドワードが現れて励ましてくれた、などと言っていたが、このような妄想も次第に消えてきた。

大川がこういう妄想を述べたのは全く根も葉もないことではない。青年時代キリスト教の道会に入っていた頃、機関誌にマホメット伝を書いたことがあり、その後もイスラムの研究を続けており、キリストの弟というのも、山形県の先祖にユダヤ人の血が混じっていたらしく、東北のような地にも昔からキリストの墓といわれるものが実際あるのである（岩手と青森の県境の戸来《ヘライ》の地、ヘライはヘブライの略であるといわれる）。妄想というものは、こういうものを根にして、敗戦の悲惨さと全然裏返しの景気のいい誇大妄想としてしまうので、精神病というものは、夢の中で心に満足を与えてくれるのと同じように、心に救いを与えてくれるものなのである。戦時中、食糧不足のときの飢餓感を、夢は御馳走を目の前に出して慰めてくれたものであるが、それと同じようなことを精神病もすることがある。

大川周明の精神病は、むかし感染した梅毒による慢性脳炎の刑務所内での偶然の発病と見るべきで、敗戦や入獄や死刑の恐れとは何の関係もないものと考えられるが、では、いつ梅毒にかかったのかと詮索したところ、意外なことがわかってきた。大川夫人によると、大川周明は全くの陰萎で、夫人とは兄と妹の関係でしかなかったというのである。

兄と妹といっても、ニーチェはその妹のエリザベトと少年少女時代から性的関係があったといわれるが、大川氏の場合には、このような意味の兄と妹ではなかった。ニーチェも脳梅毒で死んだといわれるが、これは学生時代に娼婦から感染したものであろう。しかしニーチェの精神病は真に梅毒性であったかどうか怪しくもあり、躁鬱病らしくもある。大川周明が陰萎であって、夫人と性的関係は一回もなかったから、他の女性ともそうであろうし、そうとすれば、どうして梅毒にかかったかわからないのであるが、夫人に対して陰萎でも、他の女性に対してはそうでないということもありうるし、いわゆる性交でなく他の方法の接触があったのではなかろうか。

こういう点で大川はヒトラーと似たところがある。ヒトラーはもとから性的欠陥があるのではないかと噂《うわさ》されたことがあり、一生独身でいるかと思うと、最後になってエヴァ・ブラウンという内縁の妻が現れるし、また後にヒトラーとフランス娘の間にできた息子というのが現れる。ヒトラーの死体を調べたロシア側の報告を読むと、睾丸が一つしかなかったとしてある。兵士時代には外性器が小さかったらしく、人前で裸になったときには隠すようにしていたというような噂もある。生前にヒトラーを診たドイツの医者の報告では普通であったとしてある。大川は体は痩型長身で性器は大きかった。しかし、こういうことがわかっても、性的異常者であったかどうかはわからないのである。

ニーチェについては妹との近親相姦や、梅毒や、ワーグナーの妻のコジマとの関係以外にも、フランス系のロシアの貴族の娘ルー・サロメとの関係も噂された。サロメはドイツに留学に来ていたロシア娘で、絢爛《けんらん》たる才女であるが、身持ちが怪しげで、ニーチェと恋愛関係に陥っているように見えたり、次にリルケと深い仲にあるように見えたり、アンドレアスという学者と表面上は結婚したように見えたりし、遂にフロイトのところへ弟子入りして、この娘とフロイトの間を取り沙汰する弟子もあったが、サロメは生涯処女であったともいわれる。サロメというと、ヘロデ王の娘でヨハネの首をもらった妖女を連想するのであるが、サロメはソロモンの女性形の名前で、ユダヤのありふれた名前なのであるから、妖女と関係はない。

フロイトは自分の性的体験から精神分析を作り、エディプス・コンプレックス（父を憎み母を慕う）、去勢恐怖などは、自己の幼時体験から発明されたものであり、また幼時に父母の性関係を覗《のぞ》き見する覗き症や隠蔽記憶、スクリーン・メモリー、デックエアイネルング（幼児に父母の性関係を見たことが意識下にこびりついている）も精神分析の重要な概念で、分析医が根掘り葉掘りノイローゼ患者の性生活を詮索するのは、やはりフロイトの自己経験に出るもので、精神的覗き症、ピーピング・トム（デバカメ症）なのであるといわれる。ピーピング・トムというのは、むかし住民を重税から救う代償として、裸で馬を乗り回すことを命じられたレディ・ゴヴィダを、窓から覗き見して盲目になった仕立屋トムのイギリスの伝説から出た名であり、デバカメは、前にも述べたように、明治の末に女湯覗きをして回って捕らえられ新聞を賑わした出っ歯《でぱ》の亀さん（池田亀太郎）から出た名である。

大川周明の革命家としての活動なり思想なりは脳の梅毒とは関係がない。関係があるのは、幻のマホメットの命令でコーランの立派な翻訳を成し遂げたことである。またこの病気は死刑となったかもしれない彼の生命を救ったことにもなるのであるから、梅毒は彼の大恩人であるわけであるが、いつ、どこで、どうして梅毒をもらったかは、ついに謎にとどまった。

脳の梅毒は必ず知能の低下をもたらすものなのであるが、彼の場合、刑務所内で発病したため、ごく早期に発見されて治療を受けたので、目立つほどの知能低下は起こらなかった。それどころか難解なコーランを精神病院の中で、短期間に訳了するというような超人的能力を発揮した。少しは知能が低下していたはずなのに、こんなに高い精神的能力を見せたのであるから、もとの大川の知能はいかほど高かったであろうかということになる。しかしまた、それほど高い知能をもっていても、日本の敗戦を予見しえなかったわけであるから、頭の良さというものも頼りないものである。

大川にしろ、ヒトラーにしろ、大傑出人にも前記のような性的異常性があるのは、性的異常があったからこそ、あの勇ましさが産生されたのかもしれない。人間の性質はある一面でマイナスの点があると、逆の方向にプラスされることがあるのである。福徳円満で幸福な性生活を営む人は、そう偉い人にはなれないわけであるが、人間としては、これが一番よい状態ではある。大川とヒトラーも最終的に成功していたら英雄と呼ばれるようになったかもしれないが、その場合は、英雄色を好むの例とは反対に、性的欠陥のある英雄もありうることになる。

このような英雄にくらべれば、最初に述べた山頭火などは吹けば飛ぶような者に過ぎない。しかし、いずれも今の社会を否定しようとする人間である。われわれも幾分ともそういうものに対するあこがれを持つところがあるので、いつまでも関心をそそるのである。

私の知っている現代隠者は、ちょっとした精神病を患ったあとで、自分は旧専門学校を出て妻子のある身でありながら、世を捨てて信州の山の中に入り、落葉松の林の中の渓流のほとりにシベリア風の丸木小屋を一人で建て、羊を一匹飼い、小さな畑を作り、ときどき出稼ぎに出て、森林の伐採などをやって生活費をかせぎ、あとは悠々と小屋の中でパイプを吹かして、コーヒーをいれて飲む。服装はなかなか洒落《しゃれ》てカウボーイのようで、テンガロンハット〔カウボーイハットの一種〕を被り、腰に山刀をさしている。小屋の中には自製のテーブル、椅子、棚があり、棚にはウイスキーの瓶、コーヒー沸かしなどが並んでおり、ベッドも木製で、冬は薪ストーブを焚く。洗濯は裏の谷川ででき、風呂は戸外のドラム缶である。人が来ても泊まれるように、別室には板の間と布団もある。手製の本箱には戦前の『世界文学全集』が並んでいる。楽しみは小屋の拡張で、出稼ぎで得た金や周囲の林からの材料で次第に二階もでき、二十年の間に三階まで載せた。また戸外にあった風呂は浴室と化し、アルミサッシの窓まで取り付け、戸外の便所はやはり自分で発明した水洗にした。数年前に訪れたときには三階ができたところであったが、三階に上る階段をつけるのを忘れたので、二階の窓から屋根に出て、そこから梯子《はしご》で三階の窓から入ってくれとのことであった。

このように小屋は拡張されても客の来る気配はなく、宣伝もしないので無用の長物ではあるが、本人はただ拡げるだけで満足なのである。しかし、ときどき山に入る人に見つかって、彼の所に立ち寄って、もてなされることがあるようで、だいぶ前に、ある娘がここに立ち寄って、カウボーイ姿で山羊を引いている現代隠者の生活にすっかりあこがれ、ときどき訪れるようになり、この隠者にプロポーズした。私はこの隠者の相談を受けて、関西に住む娘の両親の所へ交渉に出かけると、両親は大反対である。私はこの娘が気候のよい季節にだけ訪れて山に魅せられているのに気付いて、一度冬に来てみて、それでもよいなら骨を折ってあげると言ったところ、冬の生活を見て、ほうほうの態《てい》で逃げ出してしまって、大阪の貿易商と結婚した。隠者の女房になって夫婦隠者となるのもむずかしいもので、この隠者は、その後十数年間、ひとりで少しずつ小屋を拡張しながら、人里に降りて生活などすることは全く考えずにいる。老後のことも何も考えていないようである。われわれはとても思い切って彼の真似をすることはできないが、たまに訪れて彼の生活を見ていると、心が洗われるような清々した気持ちになる。陶淵明の詩などを読むのと同じような気分になる。

変わり者はどうしてできるか

このことについては、この本の初めに簡単に述べた。すなわち遺伝的素質的なものか、環境の心理的影響によるのか、病気のためか、というのである。たとえば同性愛者がいるとすると、これはからだの素質からくるように見えることがある。同性愛の条件となるような何の環境の作用がなくても同性愛となる人がある。しかしこの場合、心理的な作用があったとしても、それは今簡単に見いだせないのだといえば、それまでである。また同性愛となるような環境があったから、そうなったと思えることもあるが、この場合には、誰でもこのような環境にあればそうなるかというと、そういうものでもない。それなら、そのような環境でそうなる人は、そうなる素質がもともとあったからではないかといわれれば、そうでないともいえない。また病気になって同性愛の傾向が現れてくることがあるが、この場合には、その心の病気がこの同性愛を引き起こしたのか、あるいは心の病気が心の上層を麻痺させて抑制を去り、下層に隠れている同性愛を目覚めさせたのか、という二つの考え方がある。それならば同性愛というものは誰の心の底にも隠れているものなのだろうか。実際そのように思えることがあり、青少年にそのようなものが多く見られることがあるので、そうとも考えられるが、異性愛を社会的経済的に禁止されているためでないともいえない。いずれにしても、このような二つの見解のどちらが正しいかということは証明がむずかしいものである。心の下層に隠れて実際にはあるとも思えないものがあるということも、よく見られることであって、ヒステリーや神経症になると、その人は自分で病気になってうまくやろうと意識的に思わなくても、体が——といってはいけないかもしれないが、人の心の底にあって平生はわからないもの、無意識の心が——ひとりでにそのように働いてくれるとすると、心の中にはその人の知らないことが、ひとりでに活動しているようにも思われる。夢の中に平生なら全く思い出せないようなことが現れて、こんなこともあったのかと、それを覚えているのを不思議に思うことがあるが、これも心の底に沈澱していて平生は意識することができないものがあることを示すのである。

この本では主として、こういうこともある、ああいうこともある、ということだけを述べたのであったが、なぜそんなことが起こるのかということを考えてみる必要がある。たとえば姑と嫁は仲の悪いものである。それはなぜか。簡単に考えるならば、互いに他人であった者が習慣のちがう所へ入ってきて、考え方ややり方がいろいろちがうので、いつもいっしょにいると互いに気まずいことが多いためであり、姑が年上で、その家の先輩者であるため、多少意地悪く出、嫁は年下のため、気が小さく多少ひがむのだろうと考えることもできる。また、もっと心の底の深い原因があると考えることもできる。女親は自分の息子を、無意識には異性として性的に愛している。そこへ嫁がくると、姑は無意識には自己の愛情の競争者と考える。それで無意識に嫁を嫉妬する。これが意識的には嫁が何となく気に入らず、意地悪をしてやろうというようになるのである。姑の息子、すなわち夫も、心の底では姑を愛しているので、嫁にとっては姑は性的競争者である。すなわち嫁も姑に対し無意識には愛情の競争相手と映る。それで表面的にはなぜだかわからないが心の底から姑に親しめない。だから嫁と姑は宿命的に相親しむことはできない。もちろん姑に対し、汝は息子と恋愛し嫁に嫉妬しているのかと言っても、本心からそんなことはないと言う。しかし心の底の無意識のところではそうなっていて、それが意識的には何となくなじめないというようになるのだというわけである。

しかしこのような解釈が絶対に正しいものかどうかは証明することはできない。無意識な心の働きは考え出されたものであるからである。実在かどうかわからない。ただ男と女というものは性的に愛するものであるということから、こうもなろうということが、われわれに心理的にわかるのである。このような解釈は正しいことも誤っていることもある。

ある中年の男が突然精神異常を起こし、自分は大金持ちで世界の王様であるというようなことを言い出す。家人はそれはこのごろ事業に失敗してひどく心配していて、それがもとで頭がおかしくなったのだと言う。医学的に検査すると、若い頃梅毒にかかったのを十分治療してなかったので、今ごろ脳に病原体が侵入したために、脳に梅毒性炎症が起こったためということがわかる。そうすると家人が心配がもとであると言うのは誤りであることになる。ただ偶然心配のあるときに菌が脳に侵入したのである。しかし単なる偶然であるのか。心配すると脳に菌が入りやすくなるのではなかろうか。また、なぜ誇大妄想を起こして大金持ちなどと言うのか。脳の一定部位が冒されたためなのか。心配のためなら悲観とか自殺という形になればもっともだと思われるのに、なぜ誇大妄想という症状になったのだろう。それは、この心配はどうともすることができないので、その心配を癒《なお》す自然の妙味として誇大妄想が起こり、悩みが癒《い》やされたのである。心配から逃れたい逃れたいと思っていると無意識に大金持ちだという考えが起こる。これが脳の病気のため表面に出たのだ。

しかしもっと進んで考えると、人間にしろ生物にしろ、その住む世界はありのままの世界の中に石ころのように存在するというのではなくて、自分のいる世界を作り出すというところに生物の生物たる所以《ゆえん》があるのである。人の住む世界と犬の住む世界は同一ではない。人にとっては畳であっても犬にとっては畳は地面と同じことであり、犬の世界には畳はないのである。生物はこのように世界を作り出すのであり、人にとって在るものが他の生物にもそのまま在るものではない。人には門があり、犬には垣根の穴がある。穴は人にとっては何の意味もないが犬にとっては門である。人の世界には偶然あるというものはなく皆そうあるべくしてそうなったのである。誇大妄想を起こす脳梅毒にしても、心配を消すことのできない世界で堪えられないと、人は心配のない新しい世界を作り出そうと無意識に企てる。それには体の中に巣くっている梅毒菌を脳の中に入れてやればよい。こうして誇大妄想を起こすような脳梅毒に人間はみずからなろうと企てなったのである。その新しい世界では心配はないどころか世界一の大金持ちで王様であるのだ。

青年がいる。手淫を苦にしている。道徳的に悪いことだ（実は何でもないのだが）と思うが、その欲望を抑えることができず、悪い悪いと思いながら手淫を行わざるをえない。こんな悩みを持った青年が水をたくさん飲み、尿を多量に出すようになる。自然科学的な医師は、いろいろ検査して、脳下垂体の腫瘍で尿崩症が起こったのだ、すなわち水分代謝障害が起こったのだとする。手淫とは何の関係もない。心理学的な医師は、手淫で体が汚れたという考えのため無意識にそれを清めようとして、汚れを洗い去るために水もよけいに飲み尿をよけい出すのだと言う。水は清めのシンボルであることは神社の前で手を洗うことからもわかる。もし腫瘍ができたとするなら、水をたくさん飲まなければならないとの意志が水を飲めるように腫瘍を作ったのであると解釈する。そんなバカなことがあろうか。気のせいで腫瘍ができるかといえば、できないという証明ができますかと言われ、それまでである。自然科学的な医師は、それは素質によるとかいえるだけで、素質があってできたというのは、原因が何かわからないでできたということの言い換えに過ぎない。

素質によって起こるというのと心の作用で起こるというのとは同じ程度に正しいのである。このような見方が近頃はやっている。アメリカの精神身体医学、精神分析学、ドイツやフランスの存在分析や実存精神分析などは、このように人間を見てゆく。だから心さえ健全なら体の病気にもかからないで済むわけである。このように言うと、少し行き過ぎれば迷信くさくなり、自然科学的ではなくなる。しかし生物を自然科学的に徹底的に解明することは、今のところ全く思いもよらないことであり、ちょっとした傷が治るにしても、そこには治ろうとする自然の意図があるように見えるものであり、物質の発達の最高段階においては、このように合目的的にいくようになっているのだと言っても、無意識の意志があるとしても、どちらが正しいといえるようなものではない。またこのような意志は自然の中にあるものか、人間の無意識な意志か、ということも何とも決定できない。これは神秘的なものであり、ここに神を認めてもよい。しかし人間は、とにかく自然にひとりでに、その運命を決定されるよりも、みずから運命を築いていき、病気になるのも己の責任においてなり、病気にならないのも自分の心でならないようにできるとすれば、この方が近代的な、人間的な人間なのではあるまいか。

しかしこのような心理的解釈は、何とでもいえるところに、怪しげなところがある。たとえば、ここにのらくら者がいる。どうしてこうなったのだろう。生まれつきなのか、病気のためなのか、親が放っておいたので勉強や仕事の癖がつかなかったのか、あるいは逆に、親があまりきびしく勉強させようとしたので、子どもは反抗してよけい勉強しなくなったのか、不良の友人が多かったのか、学校にきらいな先生がいたので学校がいやになったのか、など種々のものが考えられ、その中のどれか一つが見つかれば、それが動機であると考える。しかし、もっともっと深いところに原因があるのかもしれない。この子はまだごく幼かった頃、お砂糖が好きであるとき戸棚から砂糖を出して舐《な》めていた。母が見つけてひどく叱った。また砂糖を舐めた。母はまたひどく叱って折檻《せっかん》した。こういうことを何回も繰り返した。そのうち子どもは砂糖を舐めたいという欲望を起こしても母に叱られるから止めようと、欲望をおさえる習慣になり、これが癖になってしまった。年が長ずると、砂糖のような古いことは無意識の中に隠れてしまい、何かしようとしてもただ何となくしてはいけないと思うようになり、さらに進んで何もしたくなくなってしまった。こうしてこの子はのらくら者になったのである。

またある人は反抗的な人になった。母が叱るたびに反抗を感じたので、それが積み重なったのである。

またある人はサディストになった。いつも母に叱られたので、母というもの、ひいては妻というものに復讐を加えて喜びを感ずるようになったのである。

またある人はマゾヒストになった。母に叱られるのをこらえているうちに、これもまた楽しいという悲しいあきらめによって我慢するようになった。それで女性から苦痛を受けてそれを楽しむようになったのである。

またある人は夢見る人になった。母に叱られて、その間、苦しい現実を逃れて空想の世界に遊ぶことによって、堪え忍んだのである。それが成長してからも何か苦しいことがあると夢の世界に逃れるようになった。

またある人は小心者になった。母に叱られていじけたためである。

またある人は同性愛者になった。母が嫌いになり、父が好きになったからである。

またある人は癇癪《かんしゃく》持ちになった。欲望が抑えつけられて、それは無意識になってしまったが、しかし全くなくなったのではなく、いつもそれは吐け口を求めようとしている。しかしもう無意識になったものは何だかわからない。それが心の底でもやもやしているので、癇癪が起こるのである。

またある人は勉強家になった。叱られて抑えられるものをやるより、やってほめられるものをやった方が得だと思ったからである。

またある人はスキーが好きになった。砂糖を雪に置き換えたのである。

またある人は仏教が好きになった。砂糖は甘《あま》いので甘いを尼《あま》で象徴し、尼が好きだから仏教が好きになった。

これはたいへんなことになってしまった。しかしこの砂糖を性欲で置き換えると精神分析のやり方となる。

心理派から今度は肉体派に移る。すなわち自然科学的な見方である。脳の病気とか脳の働きの差で異常な人間ができるとはいえ、脳のどこをどうすればそうなるかというようなことである。脳では大脳と、大脳と脊髄の間にある脳幹とが、人間の心理的なものに関係があるのだが、大脳の一部がこわれると感覚や運動ができなくなったり、声は出せても言葉が言えなくなったり、音は聞こえても言葉はわからなくなったり、物は見えても、それが何であるかわからなくなったりする。大脳を広くこわすとバカになる。しかし人の性格に変化を与えるのは脳の前部と脳幹である。のらくら者のところで述べたように、脳の前部を切るとのらくら者となる。脳幹には神経細胞の小さな集まりがたくさんあるのであるが、その各々の群が別々の働きをしているように見える。からだ全部の栄養や新陳代謝、それも水分、塩分、脂肪、蛋白質などの代謝が別の場所から調節されているように見え、血圧も発汗もみな脳幹の特定の場所から調節されている。睡眠もそうである。運動のしなやかさ、顔つきなどもそうである。さらに脳幹の一部をこわすと、あるいは刺激すると、愉快になったり、憂うつになったり、怒りっぽくなったり、鈍感になったり、それも顔つきは怒っているが心では怒っていないというような表情と心の分離が起こったりする。また記憶力が減るとか、幻覚や妄想が起こるとか、自分や世界の存在感がなくなるとか、いうような奇妙なことまで起こってくる。からだが半分なくなってしまった、自分のからだの半分は他人だというように感ずることさえある。

脳幹の一部に加害することによって、このような心の変化を起こさせられることがあるとはいえ、逆に心のこのような変化があるときに脳幹の変化が証明されるかというと、今のところ、とてもそんなことはできない。生理学にしろ解剖学にしろ、今のところ、われわれのできることは、死んだ人の顔の皮膚の米粒大のものからその人が美人であったかどうかを知ろうとし、目の不自由な人に皮膚の電気抵抗の変化を音に変えてその人が美人かどうか知らせようとするようなことで、とても成功がおぼつかない。死んだ人の脳を見ても何とまあ細胞と繊維がたくさん入り乱れているのだろう、これらの細胞の中でいったい何が起こっているために心が現れてくるのだろうといぶかるのみである。

自然科学が発達したら電流の変化か何かを見てある人が何を考えているかわかるようになりうるものだろうか。そうなれば秘密も嘘も黙秘権もなくなってしまう。あるいは逆に電波か何かで他人を思い通りに考えさせ行動させることもできるような時が来るだろうか。しかしこのような時代は当分来そうもないし、もし来たら人間もおしまいだろう。解剖学者がいくら顕微鏡でくわしくしらべても、美人をありありと現しえず、素人が一目で美人とわかるのが本当の美人のわかり方であると同じく、脳をいくらしらべても悲しみも喜びもわからず、その人の表情と告白から誰にでも他人の悲しみや喜びが本当にわかるのである。しかしわれわれは、脳のいかなる解剖的生理的条件といかなる心の状態とが規則正しく対応しているかを、しらべることができるので、心を自然科学的に見るにはこのような見方で進んでいくのである。

からだと心の対応については、今のところ、次のようなことぐらいしかわかっていない。すなわち痩せた細長い体格の人は同情のない冷たい心を持つことが多く、同時に顔つきも冷たいという印象を与える。肥った丸い体格の人は同情のある温かい心を持っていて、顔つきも温かみがある。温かみのある丸い顔と温かいとげとげしない心が一致しているというのは奇妙なことだが、自然界も一般にこうなっていることが多い。小鳥とか小猫は可愛い格好をしていて人に害を与えない。鷲や蛇はこわい、気持ちの悪い格好をしていて人を直接害する。樹木の茂った山はおだやかに見え、日が照っても雨風が荒れても人を保護してくれる。岩山は荒々しく見え、日が照れば参ってしまうし、嵐になれば生命をおびやかす。冷たい顔というのは顔の造作に対してわれわれが起こす感情を相手に移し入れるのであるが、そのものがうまくぴたりと相手の冷たい心と一致するのは妙なものである。このようなことは自然科学的には解決できそうもない心の妙味である。

変わり者はどうしてできるかということについては、いくらも意見の相違を来すことがあり、できない子や非行少年を見ると、医者は、これは先天的素質によるものでどうにもならないと言うし、教育者や法律家は育ちや環境のせいであると言う。予防となると医者はすぐ断種ということを考えるし、教育者は社会環境や教育の是正を考える。いずれも正しく、いずれも誤っている。ある境界内ではいずれも正しい。しかしその境界がどこにあるかが明らかでないから、その境界からはみだしやすい。また先天性素質によるものは心理的には導けぬというものでもないし、心理的にできあがったものが必ずしも心理的に変えられるものでもない。変わり者のできる原因としての氏《うじ》と育ち、素質と環境は、理想的な概念としてはどちらも正しいが、実地上に用いる段になるとひどく曖昧なものとなる。

変わった絵

精神病者の絵は奇妙であるが、近代絵画と似たところがある。というよりもアブストラクトとかシュール・レアリスムなどの絵は、ふつう人の心の底に潜んでいる精神病的原始的なものが見つけ出されて描かれたものであろう。非現実的な、空想的な、めちゃくちゃな、しかし何か意味ありげな、すなわち象徴的な、といったところが共通にある。われわれがぼんやりしているとき、たとえば、講義を聴きながら片手間にしらずしらずのうちに描くものと似ている。精神病では、奇妙な無気味な動物や怪物を描いたり、性的な象徴が多かったり、宇宙の本体の象徴がよく描かれたりする。このようなものについて一つ一つ説明することがよくできないのは、超現実派の絵を素人にわからせるように説明することができないのと同じで、ただ眺めてその異常さと気分を味わえばよいのである。ここに、いくつかの変わった絵をならべて、目から変わり者の世界を覗こう。

アブストラクトな絵は何を意味しているかということは問題である。見る人の感情に

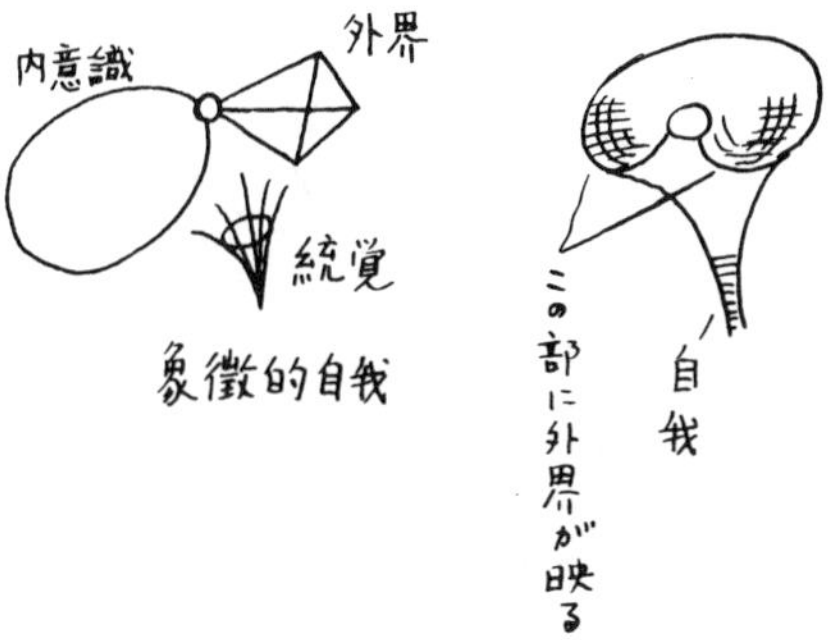

自我

いきなり訴えるところが多く、どこがいいとか何を描いたのだとか尋ねることがすでにヤボなのであり、批評家がわかったようなことを言うのを、われわれはそんなものかと思ってありがたく拝聴するのであるが、ある病的天才画家が自分の絵を説明するのを私は聞いたことがある。それによると妙な絵は自分のからだの中の幻覚的実感であって批評家は皆勝手なことを言っているのだそうである。もちろんこのような画家の絵がすべてこんなものであるとは限らない。頭で描く画家、原始的心性を発見して描く画家もあろうが、われわれの全く知らない世界を知覚してその通りに描くものもあるにちがいなく、そこにわれわれ「健康者」の思いも及ばぬものがあることを知っていなければならない。

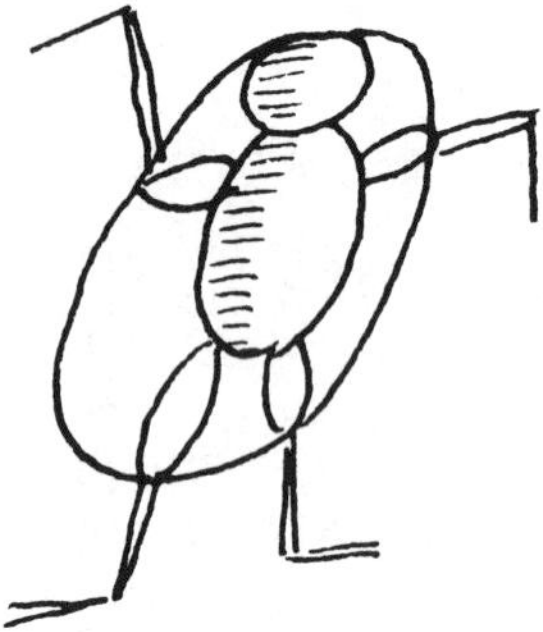

自我

夜

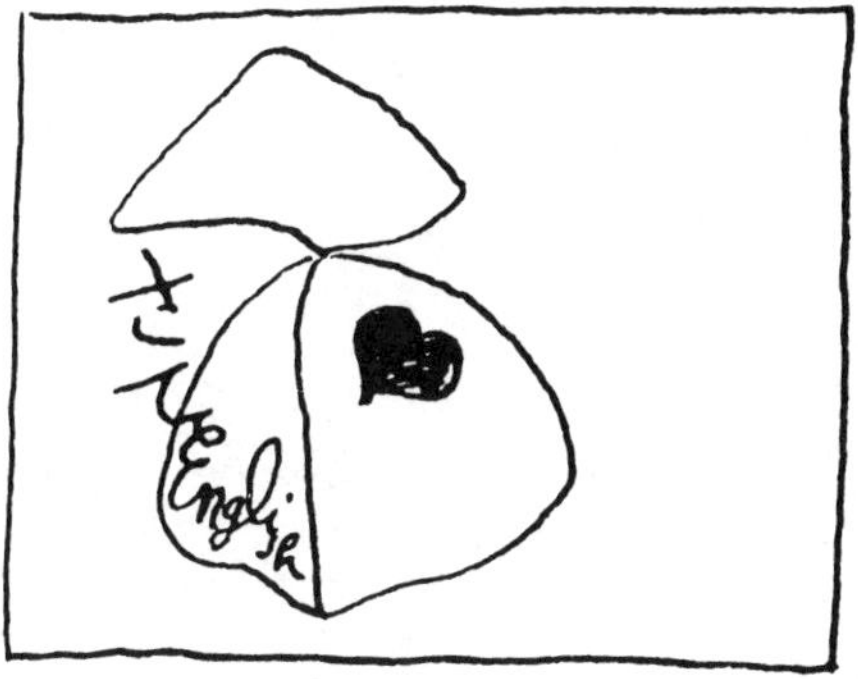

この絵に題する

詩

亡びの民《みん》のあわれさよ
明治の帝の瞳故
眼《まなこ》の下の春の雲
（なぜ民《みん》なのか——そうでなくては味が出ないんですよ）

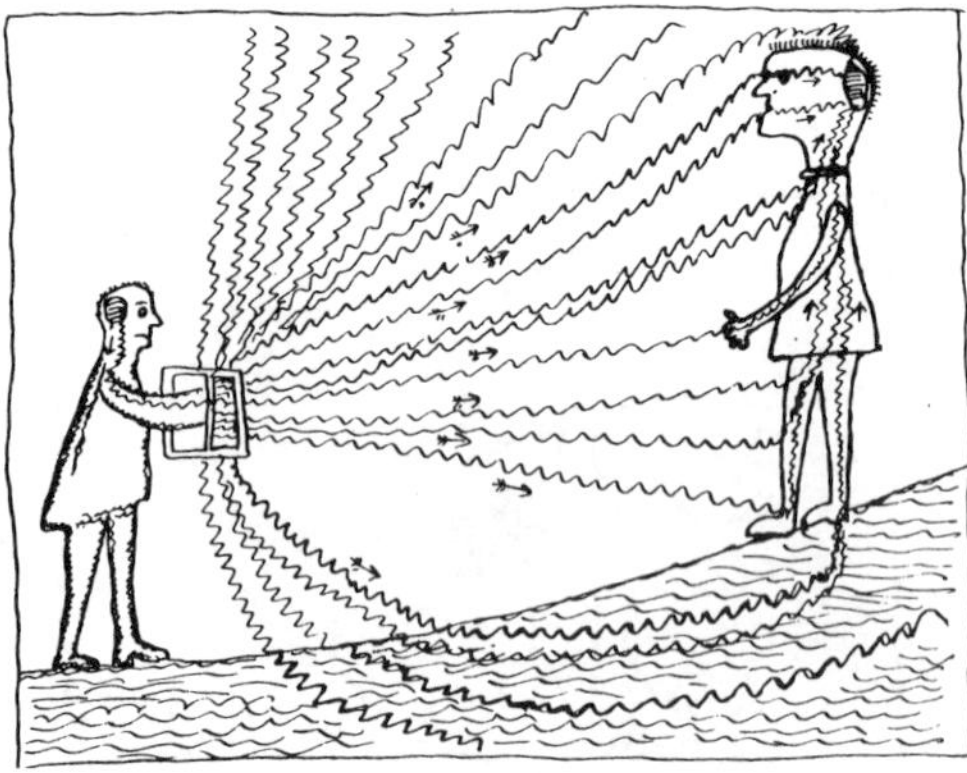

幻覚

同性愛の象徴

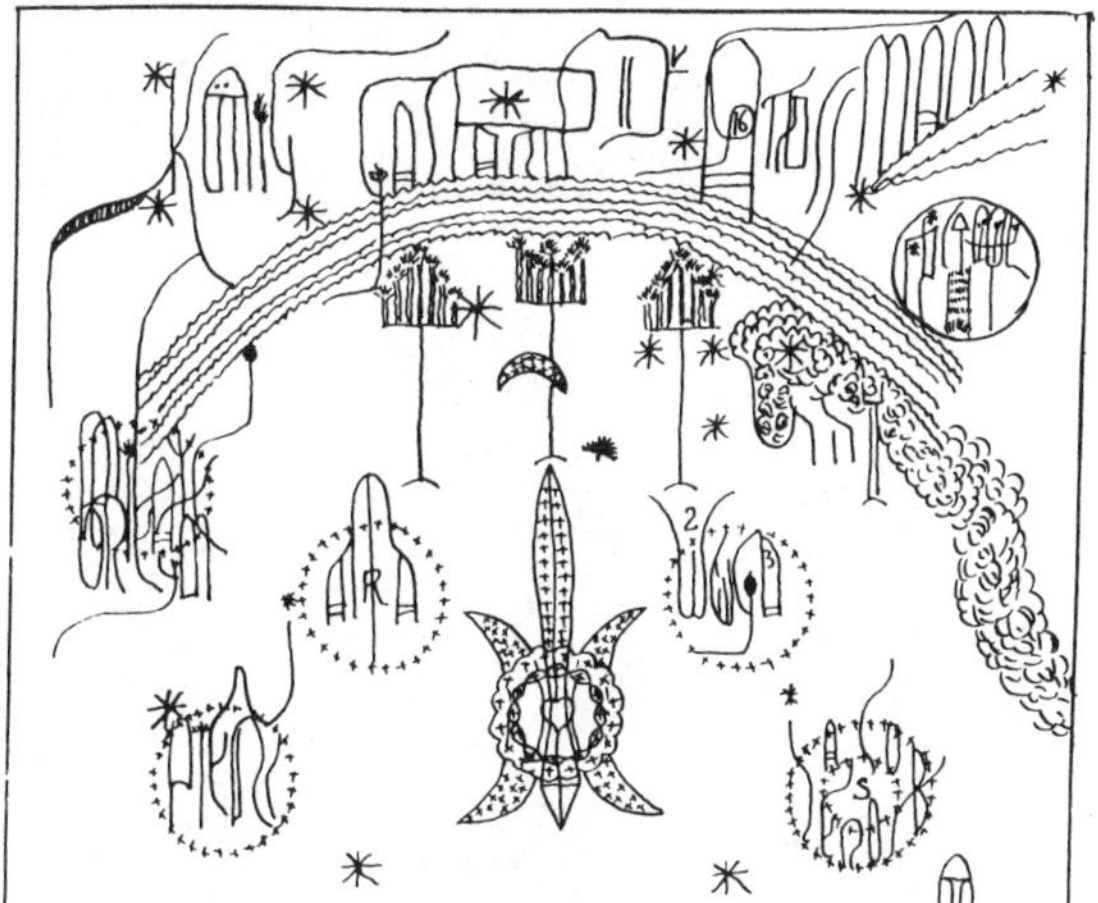

象徴的模様（上図・下図）

原始芸術に似た作品（上図・下図）

生命の象徴（上図・下図）

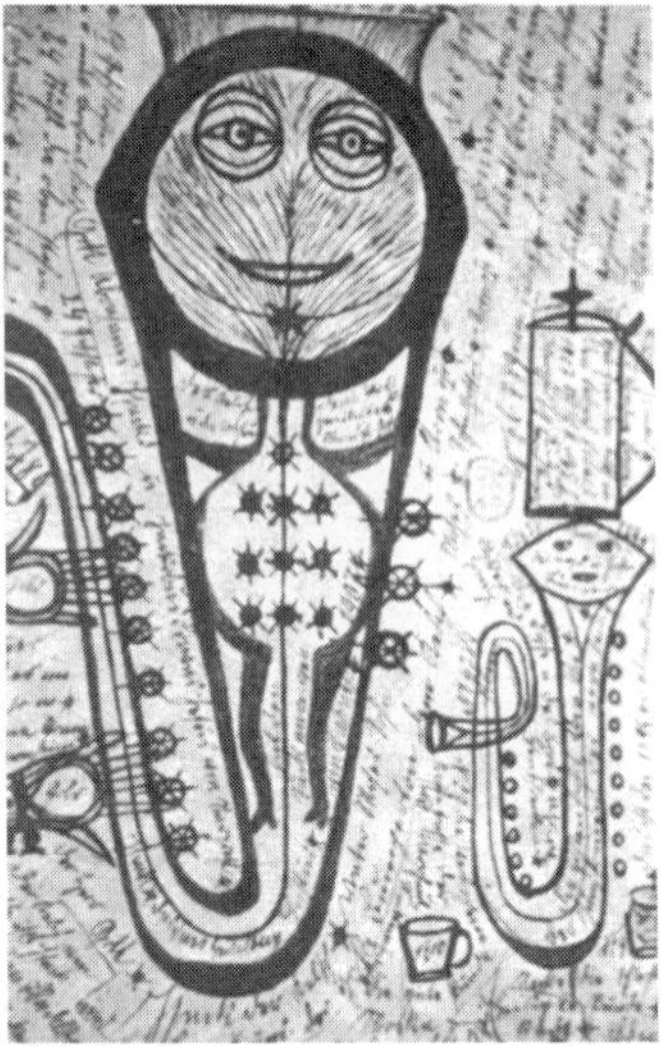

奇妙なデフォルメ（上図・下図）

奇妙なデフォルメ（上図・下図）

世界または宇宙の象徴（上図・下図）

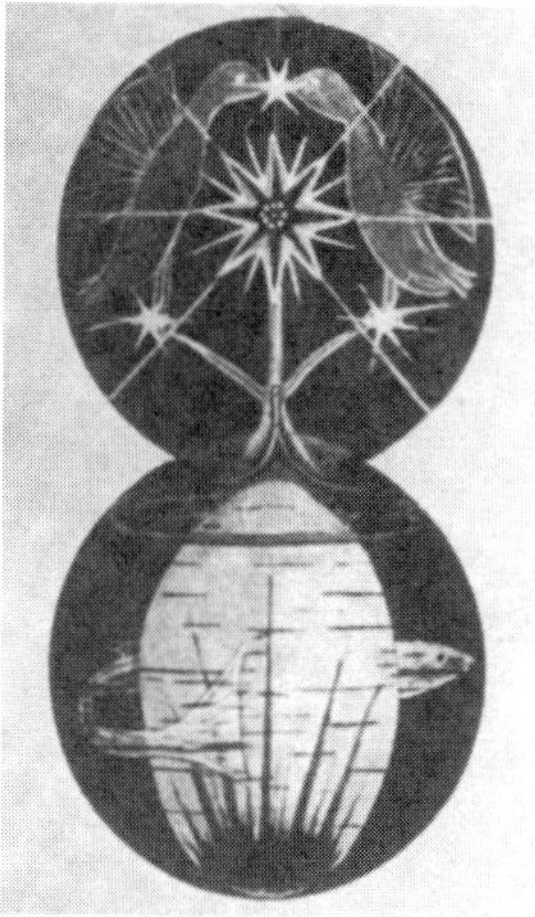

世界または宇宙の象徴（上図・下図）

性的な絵（上図・下図）

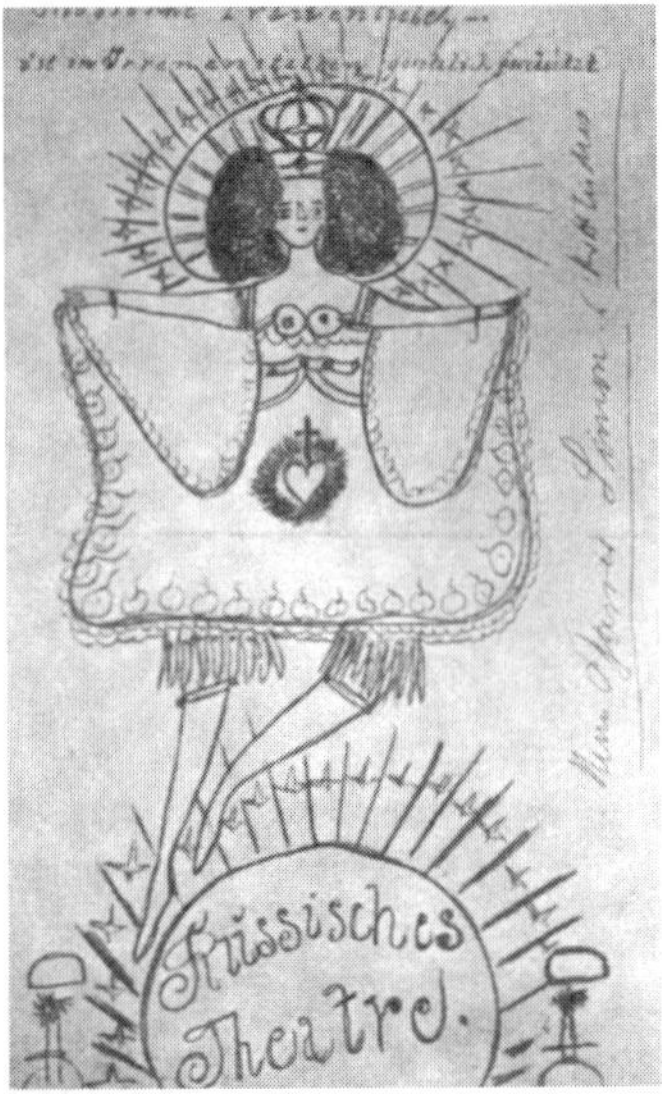

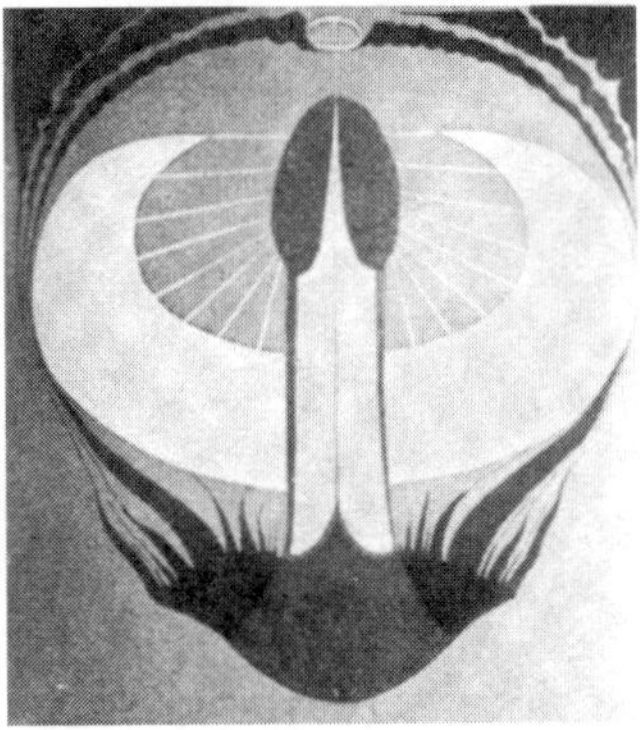

性的な絵（上図・下図）

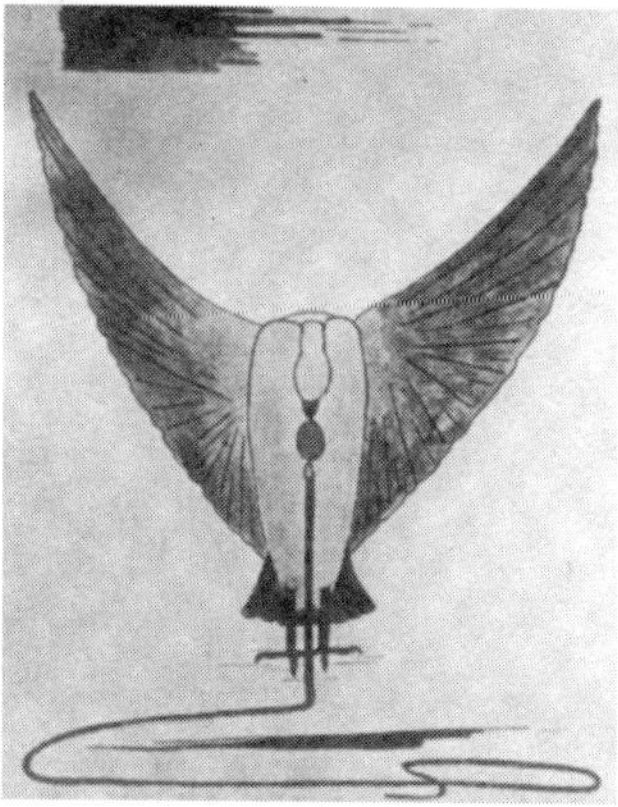

あとがき

本書は創元医学新書の第一号であったが、以来四十年余りにわたり増刷を重ね、紙型が損耗して使用に堪えなくなったため、今回、版を改めることになった。そこでこの際、かなり増補を行い、また異常な人間が病中に描いた美しい特徴的な絵も、モノクロではもったいないと、カラー印刷にして付加した。異常性格の人間はいつの世になってもさほど変化するものでもないので、だいたいのところでは従来の記述を変える必要もないが、近頃は食欲と性欲の異常が目立つようになっているので、元来、食欲や性欲の如き原始的な欲求の異常は性格異常に含めないことが多いが、やはりここで取り扱うべきであろうと考えて付加することになった。

一九八五年八月

著　者

解説　「変わり者」のパノラマ図鑑

黒木俊秀

1

本書は、我が国を代表する精神医学者であった西丸四方氏が一般向けに著した書籍である。

西丸氏は、東京大学精神科の内村祐之教授の指導のもと、エーミール・クレペリン、カール・ヤスパース、エルンスト・クレッチマー、クルト・シュナイダーら、一九世紀末から二〇世紀前半に活躍したドイツ精神医学の大家の著作を多数邦訳し、我が国に紹介したことで知られている。それらは、長く日本の精神医学教育の基本となるテキストとされてきた。

その一方で、柔らかで洒脱な文章を得意とし、本書初版（一九五四）に続いて、『精神異常』（筑摩書房、一九六五）、『病める心の記録――ある精神分裂病者の世界』（中央公論社、一九六八）、『心の病気』（創元社、一九七五、〈創元こころ文庫〉として再刊）、『狂気の価値』（朝日新聞社、一九七九）等々、多くの一般向けの書籍を上梓した。

本書のタイトルと、「小心者」「ふさいだ人」「朗らかな人」などの章立ては、性格異常（パーソナリティ障害）を主題とした書籍のように見えるが、描かれている症例の中には明らかに統合失調症や双極性障害（躁うつ病）と思われるものがある。敏感関係妄想やヒステリー、てんかん精神病、進行麻痺（梅毒性精神病）など、古典的な精神疾患の診断に該当するものも含まれる。性嗜好異常にも言及し、夏目漱石や種田山頭火らの病跡学も展開する。あたかも精神医学のパノラマ図鑑を総覧するがごとくである。副題の「変わり者」のほうが、本書の内容をよく表していよう。

2

西丸氏の文体は、平易でわかりやすく何の衒《てら》いもない。精神医学の専門用語はほとんど登場しない。淡々と症例を記述してゆくのだが、しばしば症例の主観的な体験や独白と著者による地の文との境界がはっきりしなくなる。これが独特の効果を及ぼし、読者はいつの間にか「変わり者」の世界へ深く入り込んでしまうわけである。

古今東西万巻の文献に通じたディレッタントぶりも驚異であろう。例えば、本書の「異常性欲の諸相」（一四五頁）の中の性器と性行為に関するさまざまな言語圏における表現とその語源の解説など、呆れてしまうほど詳しい（初版当時の一般読者を意識した著者なりのサービスであっただろうか）。

しかし、何より西丸氏の文章が読者を魅了するのは、その全てを見切ったような、そして、どこかユーモラスな語り口ではないだろうか。ある病的な心理現象に対して、こういう見方がある、こんな意見もある、はたまた、こういう解釈もあるが、結局のところ、皆、何もわからないのにわかったふりをしているにすぎないと、真顔で、しかし皮肉をたっぷりと込めて揶揄《やゆ》するような雰囲気である。とはいえ、その眼差しは少しも冷淡ではない。その哀しさや醜さを含めて、人の所業に対する旺盛な好奇心が基底にある。それゆえ、不治の病に冒され、悲惨な転帰をたどるような症例の記述にさえ、そこはかとない明るさが感じられる。諦観と慈愛が共存している。東洋的と言えるかもしれない。事実、西丸氏は荘子の思想に最も惹かれていたらしい。

こうした西丸氏の斜に構えたような精神医学観は、ある世代以上の我が国の多くの精神科医の心をとらえてきた。精神科医療がまだまだ病院中心であり、受診するにもその敷居がなお高く感じられた時代を経験した医師たちである。精神科に進む医学生自身が、「変わり者」扱いされるような、そんな時代があったのである。

3

私もまた西丸四方氏の文章に魅せられ、一連の著作を蒐集してきた一人である。学生時代の精神医学講義の時間に神田橋條治先生が、『精神医学入門』（南山堂）を推薦されたのが始まりである。[1]この西丸氏の教科書は、一九四九年の初版以来、二五版を重ねたロングセラーである。とくに収載された昔の精神病者の写真が印象的であり、私は今も学生の授業で供覧することがある。

神田橋先生も以前に西丸氏の熱烈なファンであることを告白されている。[2]そして、本書の「変わり者はどうしてできるか」の中の砂糖を舐めては母親に叱られる子どもの一節（二〇九頁）を引用し、「この面白まじめの皮肉にきちんと応えられるような精神分析を、今も追い求めているのだが、とうとう回答を作れないままに終わりそうである」と述べておられる。神田橋先生によれば、これほど手厳しい批判ができるということは、西丸氏の精神分析理解が的確で深いことを示しているのであり、それゆえ、「先生は、芯から精神分析がお好きですね？」と問いかけている。こうした変則的な反撃ができるようでなければ、西丸氏の文章は到底読みこなせないのかもしれない。

精神分析といえば、本書の「異常性欲者」の中の寝室の隣で姑が起きているために不眠症と不感症に悩む女性の解釈（一四二頁）は、ちょっとドッキリするくらいヤバイ。しかも、「これで精神分析は済み、患者は治るはずなのであるが、私は精神分析が下手なので、もう一つの手を用意しておく」以下の科学的オチが効いている。相応の時代背景があるとはいえ、この諧謔の極みには、いやあ、マイッタなあ。

4

冒頭に述べたように、西丸氏が主要なテキストを邦訳したクレペリン、ヤスパース、シュナイダーらが構築した伝統的なドイツ精神医学こそが、我が国の精神医学の主流であり、一九六〇～七〇年代の反精神医学の試練の後でさえ、それは堅持されていた。ドイツ精神医学の基底にある観念論的な本質主義によって精神疾患の病因を追求することが好まれ、細やかな精神現象の観察が精神医学教育の基本であった。かたや経験主義を重んじる英米の実証主義的研究、例えば、精神疾患の疫学などは、大きく出遅れた。このことは世界的に見ればほとんど異例とも言え、隣国の韓国のように精神分析学を基調とするアメリカの精神医学教育が浸透することは遂になかった。

注目すべきは、七〇年代、紛争後に大学や学会の権威が衰弱し、機能麻痺に陥ったつかの間に、土居健郎、中井久夫、神田橋條治ら、新しい世代の論客に刺激されて、我が国の精神病理学は世界に類を見ない高みに達した。それは、日本固有の治療文化や生活信条と欧米の精神医学の思想とが巧みにブレンドされ、唯一無二の芳ばしい香りを放った一瞬であった。西丸氏は、こうした和製精神病理学の先駆者として位置付けられるだろう。ただ、とくに統合失調症圏内の病者への治療的接近という点では、後の世代は一歩も二歩も病者の側へ歩み寄ろうとしていた。

そうこうするうちに、海の向こうから精神医学の「黒船」が襲来した。一九八〇年、アメリカ精神医学会が、精神疾患の診断分類体系であるDSM－Ⅲを発表したのである。当初は、その影響は一部に止まると思われていたが、冷戦終結後の九〇年代に入って、アメリカの覇権主義のもとに明瞭かつ無機質なDSM精神医学は世界的規模で浸透していった。無論、我が国の精神医学も例外ではない。

もっとも、DSM診断がグローバル化したとはいえ、精神医学の内部でより本質的な変化、例えば、精神疾患の病因解明や根治的治療法の開発などがもたらされたわけでは決してない。それよりも、DSMによる精神科診断の標準化が、精神医学・医療と一般社会との距離をぐっと短縮させ、両者の関係を一変させたのである。その影響は、産業や教育、文化といった領域まで波及し、今や現代人は、DSMなくして、人間の悲哀や苦悩すら語れない有様となった。つまり、本来、一人ひとりの個別的な心の問題に対して、記号としてのDSM診断が付与されることで、標準化され、管理されるという具合である。かくして、現代には、「変わり者」はいなくなった。

5

今日、精神科医療の敷居はずいぶんと低くなった。医療計画の中に精神疾患が加わり、がん、脳卒中、心筋梗塞、糖尿病と並んで、五大疾病の一つとなっている。かねがね西丸氏が力説していたように、精神疾患は誰もが罹患する可能性のある病の一つとして公に認識されているのである。

しかし、こうもDSMによる標準化が進み、「変わり者」がいなくなった精神医学の世界は、あまりにも平板で面白みがない。西丸氏のような「遊び」は許されず、いささか窮屈である。臨床が、ここまで均質で多様性がないというのは、長い目で見れば、学問の衰退かもしれない。いや、人間の衰退かな。この度、久しぶりに本書を読み直して、そんな感慨を抱いた。

と、ここで筆を置こうとしたとき、アメリカの有力誌、タイムが、今年の「世界で最も影響力がある一〇〇人」に芸術家の草間彌生氏を選んだことを知った。彼女こそ、本書にも引用されている天才画家の少女である（一二二頁）。やはり「変わり者」の世界は奥が深い！

参考文献
（1）神田橋條治『神田橋條治　医学部講義』一七七頁、創元社、二〇一三年
（2）神田橋條治『発想の航跡』神田橋條治著作集、三四三－三四八頁、岩崎学術出版社、一九八八年

（九州大学大学院教授、精神科医）

西丸四方（にしまる・しほう）
一九三六年東京大学医学部卒、精神医学専攻、都立松沢病院医員、東京大学および東京女子医学専門学校講師を経て信州大学および愛知医科大学教授を歴任。両大学名誉教授。
著訳書　『精神医学入門』（南山堂、一九四九）
ヤスパース『ヤスペルス精神病理学総論』（共訳、岩波書店、一九五三）
クレッチマー『医学的心理学』（共訳、みすず書房、一九五五）
『脳と心』（新書、創元社、一九五五）
『心の病気』（新書、創元社、一九七五）
『病める心の記録——ある精神分裂病者の世界』（新書、中央公論社、一九六八）
『狂気の価値』（朝日新聞社、一九七九）
『臨床精神医学辞典』（編集、南山堂、一九七四）
ほか多数。

創元こころ文庫

P-9

異《い》常《じょう》性《せい》格《かく》の世《せ》界《かい》
「変《か》わり者《もの》」と言《い》われる人《ひと》たち

二〇一六年六月二〇日　第一版第一刷発行

著　者　西丸四方
発行者　矢部敬一
発行所　株式会社　創元社
〈本　社〉〒五四一－〇〇四七
大阪市中央区淡路町四－三－六
電話（〇六）六二三一－九〇一〇㈹
〈東京支店〉〒一六二－〇八二五
東京都新宿区神楽坂四－三　煉瓦塔ビル
電話（〇三）三二六九－一〇五一㈹
〈ホームページ〉http://www.sogensha.co.jp/
印刷所　株式会社　太洋社

ISBN978-4-422-00059-6

本書は、一九五四年四月に、《創元医学新書》の第一巻目として創元社より刊行された同名の書籍を文庫化したもので、第三版第七刷を底本としています。

なお文庫化にあたり、一部、補足・修正をほどこしてあります。